主播实操手册

大鹏（王怀鹏）大圣（孙清华）　著

中国言实出版社

图书在版编目（CIP）数据

主播实操手册 / 大鹏, 大圣著 . -- 北京：中国言实出版社，2023.3
ISBN 978-7-5171-4423-6

Ⅰ.①主… Ⅱ.①大… ②大… Ⅲ.①网络营销－手册 Ⅳ.① F713.365.2-62

中国国家版本馆 CIP 数据核字 (2023) 第 051328 号

主播实操手册

责任编辑：王蕙子
责任校对：邱　耿

出版发行：	中国言实出版社
地　址：	北京市朝阳区北苑路 180 号加利大厦 5 号楼 105 室
邮　编：	100101
编辑部：	北京市海淀区花园路 6 号院 B 座 6 层
邮　编：	100088
电　话：	010-64924853（总编室）　010-64924716（发行部）
网　址：	www.zgyscbs.cn　电子邮箱：zgyscbs@263.net

经　销：	新华书店
印　刷：	天津丰富彩艺印刷有限公司
版　次：	2023 年 7 月第 1 版　2023 年 7 月第 1 次印刷
规　格：	880 毫米 ×1230 毫米　1/32　10.5 印张
字　数：	185 千字
定　价：	68.00 元
书　号：	ISBN 978-7-5171-4423-6

前言

伴随着互联网的飞速发展，直播电商悄然进入人们的视野，成为互联网生活的新时尚。直播带货下沉的过程，不仅是商品自上而下销售的过程，也是商品自下而上满足用户需求的过程。而这个过程中的关键环节就是直播间的主播。带货主播不仅是企业品牌及其商品的导购，也是用户获得心仪商品的最佳买手。主播通过与企业和用户的连接，在小小的直播间成功实现了商品销售与品牌传播。

抖音、快手等短视频平台的崛起，为很多素人主播提供了机会。不过，对于新手主播来说，要想完成一场成功的直播带货也并非易事。主播要想在直播间让用户购买商品，这其中有很大的学问。因此，主播应当了解直播带货的发展现状及趋势，并掌握直播带货的各种方式。

本书全面系统地分析了直播带货行业的现状与发展趋势，展现了直播带货给用户带来的良好的消费体验；并重点围绕"主播"这一岗位，讲解了主播岗位的发展历程、带货主播专业技能的提升、带货主播职业素养的提升、优质主播的招募及培养热门类目带货主播的直播模型等。本书内容深入浅出，通俗易懂，易于读者学习；适合想要入局直播电商以及在直播带货中有所困惑的商家、带货主播等人员阅读。

自序

兴趣电商将改变我们的商业行为

搜索电商的视频,本质上是详情页式的视频;而兴趣电商的视频,是先基于用户的痛点去搭建用户喜欢的场景,再直观阐述产品的价值。这就是我对于当下如火如荼的搜索电商和兴趣电商的理解。

我第一次深入思考搜索电商和兴趣电商的区别,是在2020年"双11"。在抢购了很多东西之后,我突然问自己:如果我不买东西,我还会打开天猫、淘宝或者京东吗?

答案是不会。因为我的购买动作在"双11"付完尾款的那一刻,就已经停止了,之后我就立刻去刷抖音了。

其实在此之前我已经在做抖音了,并且打通了变现路径。作为一个有70多万粉丝的美妆达人,我时常会思考一个问题:不管是作为商家还是作为用户,假如说我没有付费的意愿,也就是不想买东西,我肯定是不会打开天猫、淘宝这样的传统电商App的。

反观抖音,即使我不买东西,也会每天打开,以填补我的碎片时间。我曾经观察过在公交车上或在地铁上的人,他们很多都在刷抖音、快手等平台的短视频。那一刻我豁然开朗：原来这就是传统电商和兴趣电商的最大不同！传统电商是我原本就带着付费意愿，或者说我需要买东西，我才会打开这个App，然后搜索我想要的东西。这个时候，最便宜的或者是销量最高的商品会出现在最前面，我会根据自己的需求进行选择。这些思考让我产生了新的认知：传统电商是没有造血能力的，也没有办法创造新的流量，注定会泯然众人矣。

电商人应该都知道，淘宝需要站外引流。为什么之前淘宝要跟抖音进行战略合作？因为它想导入抖音的新流量导。抖音做了这么一件事：从2020年10月9日开始，在抖音直播间，尤其是带货的直播间，只允许挂抖音小店的商品链接。那一刻我意识到，抖音是要从娱乐、媒体平台，转型成能变现的兴趣电商平台。它的优势在于有着淘宝十倍以上的日活用户。用户在没有搜索行为的情况下，在抖音这个兴趣电商平台，也会出现购买的动作。

以我为例，我在深圳讲完课后，辗转去了中山、义乌，最后回到北京。除了讲课、直播、开发课件，其他的碎片化时间我基本上都在刷抖音，目的之一是让自己得到放松，目的之二是为了找更多更好的学员案例。我只有这两个目的，但当我回到北京后，居然收到了30多个快递，这些全部是我在抖音上买的！

作为一个抖音用户，我仅仅是在抖音上刷到这些符合我的生活场景，或是我可能会用到的东西，已经激起了我的消费欲望，使我毫不犹豫并且心甘情愿地完成了付费动作。

这是大家作为消费者，都已经意识到的一个问题。那么作为商家来说，我想告诉大家一件事情，就是抖音电商、兴趣电商完全是一个全新的领域，未来将有非常长的红利期。那大家在做兴趣电商时遇到的最大问题是什么呢？尤其是在淘宝、天猫这种传统电商平台已经有非常不错的年收入的老板们，他们在转战做兴趣电商的时候，有一个通病，就是他们认为所谓的拍视频就是我把这个产品拍好并把产品卖出去就可以了。

而在兴趣电商平台，为什么非常多的中小型企业，甚至是个人，能够弯道超车？

因为很多企业和个人还没意识到我们已经换地盘了。在兴趣电商平台，卖的不光是产品，还是场景，是用户痛点的解决方案。只有这样的场景，这样的解决方案触达用户的时候，用户才可能出现付费行为。在抖音上，除了"拍清楚"产品之外，更重要的是要讲清楚你的产品能够解决用户在什么场景中的什么痛点，能为用户带来什么的价值，这才是兴趣电商的核心所在。

我觉得任何一个商家来到抖音平台，首先要做的是了解自己的用户，知道他的需求在哪里，并针对其需求设计产品和运营思路。基于我对于传统搜索电商和兴趣电商的认知，我希望每一个来到抖音平台的人都能够顺应抖音思维，能够真正地站在用户的立场上，从用户的体验出发，创作一个能解决用户痛点、有价值的短视频产品。

通过跟学员的接触，并结合自身做抖音所遇到的问题，我发现其实大家遇到的问题是有共性的。所以，我想通过这本书，为大家解析新流量渠道的盈利模式、打造爆款短视频的方法与主播带货的诀窍，帮助大家构建超级闭环，实现品牌和销量的双重突破。

王怀鹏

{第一章} 风口来袭：直播电商行业崛起

第一节 何为直播电商："电视购物的加强版" / 2

第二节 平台选择：为什么一定是抖音 / 5

第三节 直播电商演变历程："四大发展期"与"平台三巨头" / 9

第四节 三大要素升级："人货场"趋势洞察及更新迭代 / 14

第五节 行业发展优势：三大优势及政策扶持 / 19

第六节 直播电商不是法外之地，直播规范化时代来了 / 23

第七节 直播电商不是选择题，而是必修课 / 26

{第二章} 搭桥铺路：精准构建账号运营模型

第一节 平台规则：玩转抖音的算法与机制 / 30

第二节 用户至上：探寻抖音用户的心理 / 37

第三节 精准定位：创建有发展潜力的账号 / 45

第四节 运营齿轮：九大法则盘活账号 / 56

第五节 神奇"DOU+"：用最少的钱卡最精准的推送范围 / 78

第六节 数据分析：掌控目标用户，助力流量升级 / 85

第七节 升级玩法：拿下高阶玩家的入场券 / 88

第八节 商业变现：玩转抖音的终极目的 / 95

{第三章} 主角登场：主播岗位的前世今生

第一节 主播蜕变之路：网络主播角色的转变 / 102

第二节 何为带货主播：用户与产品之间的桥梁 / 106

第三节 如何脱颖而出：超级主播人设的打造 / 112

{第四章} 高强输出：主播必备的六大专业技能

第一节 明晰直播要点：掌握直播带货全流程 / 126

第二节 抓住直播核心：助力主播精准把控产品 / 140

第三节 把控直播节奏：一键套用超强带货话术 / 156

第四节 获取直播流量：玩转高效引流涨粉技巧 / 173

第五节 提高直播转化：快速精通直播销售技巧 / 195

第六节 优化直播数据：利用直播复盘趋利避害 / 210

{第五章} 心态修炼：主播必备的基本职业素养

第一节 提升个人素养：带货主播的十大基本能力 / 222

第二节 了解消费需求：培养主播的用户思维能力 / 228

第三节 化解直播危机：提升主播的随机应变能力 / 237

第四节 增强直播底气：彰显多方凝聚的自信力 / 244

第五节 树立规则意识：知悉主播职业操守与行为规范 / 249

{第六章} 人才管理：优质主播招募与培养四步法

第一节 优质人才引进：主播招募的途径及流程 / 260

第二节 高效分层管理：带货主播的等级划分 / 264

第三节 全面培养计划：优质主播养成三部曲 / 268

第四节 制定评判标准：带货主播的考核机制 / 278

{第七章} 流程标准化：热门类目带货主播直播模型

第一节 热门类目一：服饰类 / 286

第二节 热门类目二：饰品类 / 294

第三节 热门类目三：食品类 / 300

第四节 热门类目四：美妆类 / 307

第五节 热门类目五：3C 数码类 / 313

附录：初级到高级直播间打造 / 319

第一章

风口来袭：直播电商行业崛起

自电商诞生以来，人们就开始在互联网上构建商业的"平行世界"。我们在现实世界的一切商业行为，正逐渐在互联网上得以实现。而直播电商的出现无疑加速了这一进程。直播电商也许不是电子商务的终极形态，但目前来看，在很长一段时间内，它一定会成为互联网商业世界的"基础设施"。因此，我们要拥抱它，探索更广阔的商业空间。

第一节

何为直播电商：
"电视购物的加强版"

直播电商无疑是近年来最火爆的购物平台，自兴起以来便不断创造佳绩。但是，直播与电商是如何有效结合的，到底要如何理解直播电商呢？我们将通过对直播发展原动力的分析，结合电商发展的必然趋势，帮助大家理解何为直播电商。

一、直播发展的原动力

从直播形态出现至今，尤其是手机移动端直播得以持续发展，真实性是其持续发展的主要原动力。

其次，随着智能手机的普及和直播平台的发展，入场直播领域的创作者越来越多，直播内容也越加多样化，可以满足各类观众的喜好。人们会持续关注一个或者多个喜欢的主播，主播IP引领的直播经济推动了整个直播行业的发展。

另外，手机的普及使得主播与用户可以实时互动，高度的参与感吸引着用户一次次进入直播间。

除此之外，吸引用户与创作者投身直播领域的还有直播内容的实用性、开播和参与的门槛较低、平台功能强大、入口明显且打开方式便捷等因素。

总之，直播能够持续发展的主要原因就是"实时互动+内容真实"。迄今为止，将直播与电商进行结合，无疑是最接近于传统零售面对面沟通成交的一种营销模式，既具备电子商务的便捷性，又最大化地展现了近乎于线下零售的真实性。

二、直播电商——"电视购物的加强版"

如何理解直播电商？我们可以称之为"电视购物的加强版"。

直播电商与电视购物从信息传播角度来看是一脉相承的经济形态，只是从单向展示转变为互动反馈，从电话购买转变为更完善便捷的供销体系。其本质是不变的，都是视听方式的远程消费。

那么为什么说直播电商是"电视购物的加强版呢"？

我们所熟悉的电视购物是单向的信息输出，且观众没有较为直接的回应渠道，电视里的主播怎样讲，我们就只能怎样听，有任何疑问都无法第一时间反馈给主播。同样，主播用自己的方式通过电视屏幕向用户讲解、售卖产品，也无法通过用户的反馈，来验证自己的讲解与售卖方式是否合适,并确定优化的方向。

其次,电视购物的视频内容是经过脚本策划、后期剪辑等一系列加工之后才呈现到观众面前的,关于产品演示、讲解内容等信息的真实性,用户无从求证,因此电视购物的真实性会大打折扣。

另外,电视购物的成交环节过于复杂,很多观众被主播的讲解所打动决定购买后,往往会经历电话打不进去、地址描述不清、付款麻烦、退换困难等过程,很容易放弃购买。总之,电视购物的整个购物链条过长,效率较低。

相比于电视购物的无互动、不够真实、效率低,现在手机端的直播电商是强互动、更真实、更高效的。所以我们认为直播电商是"电视购物的加强版"。

第二节

平台选择：
为什么一定是抖音

一、抖音是什么样的平台

官方给出的定义是：抖音——记录美好生活。同时，这也是抖音的介绍和价值表达。不要小看这简单的一句话，抖音的很多规则都是为这句话服务的。比如，在抖音发布真实、正能量的视频，获得的流量就会多一些。抖音的总裁张楠也曾说："每个用户在抖音上留下的每个视频，都会是历史的底本，最终汇集成人类文明的'视频版百科全书'。"

最新数据显示，抖音用户日活已经逼近7亿，在所有短视频平台中遥遥领先。7亿的日活意味着每天有超过一半的中国人都在使用抖音，而且随着5G网络的进一步普及，这个数字会再次被推向新的高度。

与此同时，抖音海外版TikTok也在国外杀出一条血路。TikTok先后在40多个国家的应用商店下载排名位居前列，成为全球增速最快的短视频App，且在2020年超过Facebook成为世界第一。TikTok首席运营官瓦妮莎·帕帕斯表示，每个月"世界各地有超过10亿人在TikTok娱乐、寻找灵感、发现新鲜事物，比如体育、音乐、艺术和文化、时尚、DIY等"。在短视频行业，国内各大互联网巨头前赴后继，国外TikTok的成功也让许多大型科技公司虎视眈眈。Facebook推出了TikTok的克隆版Instagram Reels，Snap推出了名为Spotlight的类似应用，谷歌旗下的YouTube也推出了短视频平台Shorts。

据此我们也可以看出，短视频时代的趋势是不可逆的。从图文到视频的变革正在全球范围内进行着，而字节旗下的抖音和TikTok有着得天独厚的优势。

平台	主力消费人群画像	带货品类TOP3
抖音	18～24岁（41.97%） 男女均衡 一线城市（30.51%） 二线城市（44.42%） 三线城市（12.17%）	食品饮料 精品女装 美妆个护
快手	18～24岁（39.93%） 男性为主 一线城市（12.81%） 二线城市（38.17%） 三线城市（21.98%）	食品饮料 美妆个护 精品女装

图1-1 抖音VS快手

二、抖音和快手的对比

作为短视频行业的"双寡头",抖音和快手是大家最喜欢拿来比较的。如果硬要说明它们之间的不同特点,有一句话很贴切——抖音是下山虎,快手是草原狼。

为什么这么说呢?首先来看一组对比,抖音的主力消费人群是18～24岁的年轻人,男女比例均衡,一二线城市用户占比接近75%;而快手的主力消费人群以18～24岁的年轻男性为主,二三线城市用户为主,占比超过50%(见图1-1)。

由此可以看出,抖音的主要用户群体是都市年轻人。抖音通过频频制造各种热门挑战赛、话题、活动,引发用户间的聚众效应。用户不论男女,都向头部账号靠拢,粉丝与达人之间的关系是带领者与追随者之间的关系。抖音的用户对直播购物形式接受度更高,并且对商品的甄别能力也更强,因此对抖音带货达人的人设、商品品质要求也更高。

快手的主要用户虽也是18～24岁的年轻人,但快手的用户定位是普通人的自我表达;通过普通人的视角进行发散传播,引发大众的共鸣,从而获得更多用户的关注。快手的用户与达人的关系是相伴的、平等的,因而快手的带货逻辑也是典型的"老铁经济"。粉丝基于对关注的达人的信任选择下单,因而快手流量变现率也更高一些。

对于商家来说,无论选择哪个平台都有机会享受时代红利，关键在于清楚自己的优势和目标受众；无论是当"下山虎"还是做"草原狼"，都要选择最适合自己的赛道。而作为运营者，我们对两个平台，甚至包括视频号的各种信息都要有所了解，这样才可能有更多的可能性。

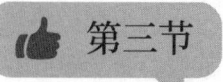

第三节

直播电商演变历程："四大发展期"与"平台三巨头"

当今时代，人们通过手机直播进行购物已经成为一种常见甚至是主流的购物方式。而随着直播电商的兴起，平台之间的终极之战也已经打响。

一、直播电商行业的发展历程

从时间线上看，我们把直播电商行业的发展历程大致分为四个阶段：红利期、蓄势期、爆发期和持续发展期（见图1-2）。

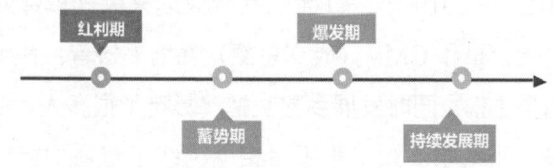

图1-2 行业发展四个阶段

（一）红利期

随着智能手机和移动互联网的快速发展，2016年，中国迎来了移动端直播的风口。当时直播的内容以泛娱乐、游戏、秀场等内容为主,平台和主播的变现方式都以"打赏"为主。而与此同时,传统的电商平台受限于流量、转化等问题,开始探索"电商+直播"的新模式,淘宝、京东、蘑菇街就是其中的先行者。借助当时直播流量的红利,国内直播电商体系初步成型。

(二)蓄势期

2017年,淘宝、蘑菇街等电商平台开始着手孵化网红主播、整合供应链、搭建直播生态,许多知名带货主播就是在这个时期快速成长起来的。随着直播的兴起,不止电商平台,抖音、快手、美拍等短视频平台也开始试水直播电商,同时衍生的专注于服务电商直播行业的MCN(多频道网络)机构也迅速成长起来。这标志着直播电商行业开始逐步向标准化、精细化方向发展。

(三)爆发期

2018～2019年,直播电商行业迎来大规模爆发期,直播带货销量和GMV(成交总额)暴增,抖音、快手率先引入明星主播,同时发展乡村直播,影响了很多人。随之,拼多多、小红书、知乎等平台相继上线了直播功能,甚至不惜投入重金培养红人,加大"流量扶持"力度,直播逐渐成为各大互联网平台的"标准配置",此时直播电商的赛道可谓全面打开。

(四)持续发展期

自 2020 年至今,直播电商行业进入持续发展期。受疫情影响,海量的用户流量涌向直播平台,直播被应用到了教育、办公、医疗等行业,直播电商行业也迎来更快速的增长期,标志是"草根"主播的崛起和各领域品牌自播的发展和深耕。至此,直播电商行业的万亿市场被彻底激活。

互联网行业的发展进入下半场,而直播电商势头却正盛。截至 2022 年 6 月份,国内直播电商用户规模为 4.69 亿,占整体网民的 44.6%;2020 年国内直播电商行业总规模达到 12850 亿元,2021 年市场规模超 23615 亿元,2022 年预计将达到 3.4 万亿元。

二、直播电商平台的发展概况

(一)直播电商平台的分类

国内主流直播电商平台,目前大致可以分为三类:传统电商平台、内容平台、社交平台。

1. 传统电商平台

传统电商平台依托其电商基因、供应链、商家资源,借助直播形式拓展营销渠道;同时,直播中的主播"人设"极大地增加了消费者的粘性。这一类型的平台以淘宝、京东、拼多多为典型代表。

2. 内容平台

以短视频起家的 UGC(用户原创内容)平台,天然具备做直播的用户基础，并获得了巨大的流量红利，通过电商业务的加码，为平台、创作者、品牌提供了最直接的流量变现模式。这一类型的平台以抖音、快手为典型代表。

3. 社交平台

第三种类型以传统社交平台转型为主，将碎片化的流量聚合，发挥社交优势，从而将私域流量转化为商业价值；同时补全了过往流量变现模式匮乏、不够直接的短板。这一类型的平台以小红书、微博、微信为典型代表。

虽然三种类型的互联网平台都在积极布局直播电商业务，也都各自在其优势领域取得一定成绩；但是随着时间的推移、流量的分化，直播电商领域各大平台的差距也逐渐拉开：2021年淘宝直播GMV规模达到5000亿，快手GMV规模达到6800亿，抖音GMV规模达到8000亿。可见国内直播电商已经从群雄逐鹿的状态，逐渐发展为淘宝、抖音、快手三足鼎立的格局。

（二）直播电商三巨头——淘宝、抖音、快手

1. 淘宝直播

从平台属性来看，淘宝与抖音、快手最大的区别是：它是一个纯粹的电商平台。淘宝直播离卖货足够近，因为淘宝直播是基于淘宝商城产生的，所以用户本身是有购买需求的。在淘宝直播中，有以下几类优势更容易取得成功：

（1）拥有极致的供应链、产品性价比较高；

（2）团队营销能力足够强，可以快速通过直播把产品

的卖点和差异展示给消费者；

（3）创始团队具备前瞻意识、学习能力强，能够快速适应直播带货的新模式。

相较于短视频平台，作为单一的电商平台，淘宝直播又离社交足够远。相较于其他两个平台，淘宝直播缺少了内容的加持，很难打造主播人设。我们可以发现，淘宝直播除个别头部大主播外，普通商家的主播与粉丝之间的粘性并不高。因此我们说淘宝直播离卖货足够近，离社交足够远。

平台的属性及参与者的不同，决定了淘宝直播与抖音、快手在经营过程中还是存在较大差别的。

2. 抖音直播 vs 快手直播

从直播电商平台参与者的角度看，淘宝直播以商家、品牌、名人为主，而普通用户可参与的主流阵地则为抖音和快手。我们以抖音和快手为蓝本了解一下平台特性与用户画像。

第四节

三大要素升级：
"人货场"趋势洞察及更新迭代

直播电商作为当下最新、最热门的电商形式，其"人货场"逻辑也在快速发展中发生着变化。

一、直播电商"人货场"发展趋势洞察

首先是"人"的层面，呈现出愈加明显的跨界融合趋势：主播类型逐步多元化。过往带货主播以网红群体为主，他们通过打造个人 IP 积累流量，然后通过带货来实现流量变现；而现在参与到直播带货中的主播包括明星、企业家、政府官员、普通人等不同群体，带货的主播类型也从单一品类主播发展为全品类主播。另外，带货主播的马太效应也开始显现，TOP 级主播很难再出现，未来更多的将会是成绩相差不大的中小型主播。这也说明，未来在直播电商领域练好运营内功、提高商品品质、寻找差异化更加重要。

其次是"货"的层面，全品类发展趋势明显：服饰鞋包、食品饮料、美妆护肤等具有客单价低、复购率高、毛利率

高的特点，因此也被称为直播电商热销商品品类；而保存、运输成本较高的生鲜、复购率较低的数码家电等品类也开始快速升级，成交额不断增长；随着直播电商商品的全品类发展，汽车、房子甚至火箭，都能在直播间内上架销售，这无疑突破了传统电商渠道的局限性。

随着直播电商商品的全品类发展，相关机构预测，未来直播电商的热销品类将呈现"哑铃型"分布，即刚需、高频、低价的商品与高标价、低复购率、"种草许久（网络语，有购买意向很久）"的商品将越来越受到用户喜爱。

最后是"场"的层面，同样呈现出越来越多元化的发展趋势：随着商家在直播方面的探索与行业的持续发展，越来越多的商家结合自身的产品特点进行了多场景、分时段的直播，效果显著，直播电商逐渐向产业链上游渗透。例如，农产品直播的场地从直播间转移到了原产地的田间地头，许多农民也开始尝试利用网络直播促进农产品销售，原产地直播正在成为一个带货风口。

直播电商也在向线下零售延展，各地商圈经营线下店的同时，也在线上开播销售，并为线下门店引流，例如小红书联合外滩金融中心、K11等商圈进行直播探店，使"云逛街"互动率高达44%；批发市场档口将线下专业市场与直播电商相结合，实现传统市场数字化转型。

直播电商"人货场"的变化趋势也证明直播电商行业发展日趋成熟，与各行业的融合度也越来越高。想要加入这个行业的人如果能把握住这个趋势，找到一个合适的细分领域深耕,也许就能走上新的职业发展之路。

二、直播电商"人货场"的要求

不管是以前的线下商超,后来的电商零售,还是现在势头正盛的直播电商,"人货场"一直都是非常关键的要素。在直播电商运营中,只有清楚地认知和把握住"人货场"三个要素,运营策略和打法才能更加明确。

(一)团队素养

直播电商中的"人"一般理解为主播,也是整个直播过程中串联主要环节的关键。所以直播电商对"人"的素养要求也是最高的。主播素养的高低将直接影响直播带货的成绩,一般对主播的要求大致分为四个层面:

首先是专业性。这也是衡量一名主播的最重要的标准,不仅体现在主播面对镜头时的表现力,更重要的是主播在直播中对销售流程和用户下单引导流程的专业把控度,以

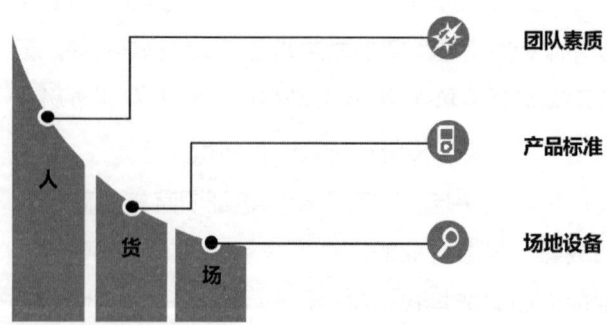

图1-3 直播电商的"人货场"

及面对突发状况的随机应变能力。

其次是趣味性。我们知道直播电商是电视购物的加强版，相比电视购物枯燥的产品讲解和疯狂的逼单，直播电商受到用户青睐的原因还有主播销售时富有趣味性的讲解和富有创意的展示方式及风趣幽默的互动。

另外，任何一场直播带货都不是一个人单打独斗能够完成的，都需要一个团队密切配合。主播作为团队中的重要角色，从前期选品到后期直播，都需要高度参与，并与各部门紧密配合。因此，与团队打好配合也是一名优秀主播的重要能力。

在"人"的要素中还有一个群体容易被忽略，那就是消费者。消费者是直播电商中主要的参与者和营销对象，直播团队在直播选品阶段就要做明确的消费者定位和需求分析。只有明确自己的商品要卖给谁、他们真正需要的是什么，我们才能有针对性地采取营销手段，以达到销售目的。

(二)产品标准

直播电商团队要有严格的选品标准。

首先是产品吸引力，通过判断产品是否够独特、是否具备爆款属性等信息来判断该产品对用户是否具有足够的吸引力。

其次是产品价格，直播电商极短的流通路径，使得低价产品成为吸引用户的绝对优势。因此，价格竞争力是直播团队选品时需要考虑的重要因素之一。

另外，由于直播电商产业链的高效性和日趋激烈的竞争，网络爆款更迭也越来越快。因此，产品的上新速度、迭代速度也是直播团队选品的重要考量。

最后，对于直播电商来讲，产品的品质永远都是重中之重，也是获得用户长期信赖的基础。

(三)场地、设备

"场"，顾名思义就是直播带货这一商业行为进行时的场地，一般指直播间场景。随着直播电商行业的发展，除传统的背景板、灯光、小黑板等基础设施外，越来越多的直播间开始追求个性化。例如，卖宠物用品的就让狗狗躺在镜头前，卖化妆品的就搭建一个类似商场打折的柜台，极力为用户营造沉浸式的购物场景。除直播间场景外，直播带货涉及的场地还包括线下直播基地、培训基地、选品空间等。

从线下到线上，从传统电商到直播电商，"人货场"的概念一直在不断迭代，但是其地位不变。弄懂"人货场"，才能够梳理好自己的商业模式体系。

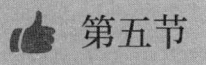

行业发展优势：
三大优势及政策扶持

直播电商近年来的飞速发展，使行业 GMV（商品交易总额）金额不断被刷新。相比传统电商，直播电商的优势有哪些呢？国家对直播电商行业的政策是怎样的呢？

一、直播电商的优势

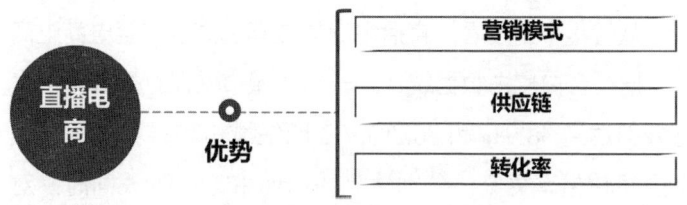

图 1-4 直播电商的优势

（一）销售模式

从营销维度来看，直播电商运营形态就是以主播为核心，借助主播影响力形成的一种商业行为。它是直播间的粉丝用户基于"对主播人设的信任而产生"的消费行为。

相比传统电商的用户"为品牌买单"的消费行为,直播电商的用户大多是"冲动消费"。在主播一系列的"促单与逼单"过程中,直播间只有 6.2% 的用户人能不因冲动下单,偶尔和经常冲动下单的用户占比分别是 44.1% 和 27.3%。当然,也有直播间的一些用户是几乎不下单的。

(二)供应链

从供应链角度看,直播电商缩短了商品流通的环节。品牌方直接将商品以最低折扣给到合作主播,合作主播直播间以远低于品牌平时售价的价格销售给消费者。总的来说,直播电商缩短了商品的流通环节,用主播的影响力替代高额广告营销费用。

(三)转化率

从转化率角度看,直播电商的效率远高于传统电商电商的。据抖音白皮书数据统计,一二线城市网民直播间转化率已分别达到 38.9% 和 36.2%,三四线城市和县城村镇网民直播间转化率更高,分别达到 46.1% 和 39.9%。同时,对比不同模式电商的转化率发现,直播电商头部主播单场直播的销售转化率平均达到 20%,远高于社交电商的 6%～10% 以及传统电商的 0.37%。直播电商目前是转化效率最高的电商模式。

二、国家层面政策

2020年，突如其来的新冠疫情让制造业、餐饮服务业等实体行业遭受巨大打击，工厂停工、商场停业让很多企业资金链断裂，面临破产。而在之后很多行业复工复产、恢复销售的过程中，直播电商起到了重要作用。各地纷纷出台扶持政策、搭建地方直播基地和电商产业园。而且越来越多的国家机关工作人员走到台前，走进直播间，为家乡特色产品站台，各地直播电商发展如火如荼。同时，国家层面对直播电商发展的认可和鼓励，也为受疫情影响的国民经济打了一剂强心针。

在直播电商快速发展的同时，早期被忽略的很多问题也逐渐显现：在消费者层面，由于信息不对称，消费者购买的商品经常出现货不对板的情况；在主播层面，由于主播素养良莠不齐，很多主播无法准确把产品信息和产品价值传递给消费者，另外，直播间同质化情况也较严重，消费者体验感较差；在竞争层面，该行业也出现了刷单的恶意竞争现象。

因而，针对直播电商行业存在的各种问题、乱象，国家的各项整治活动相继展开，各种制度也接连出台。

2020年11月23日，国家广播电视总局发布了《关于加强网络秀场直播和电商直播管理的通知》，要求网络秀场直播平台对网络主播和"打赏"用户实行实名制管理，并封禁未成年用户的打赏功能；2021年4月23日，国家互联网信息办公室、国家税务总局等七个部门联合发布《网络直播营销管理办法（试行）》，将网络直播正式纳入税务部门监管，直播电商行业监管政策趋于完善。

同时，国家也出台了一系列政策来鼓励、支持直播电商行业健康发展：2020年，广州、四川、济南、青岛等多地相继印发"直播电商发展规划""直播电商发展行动方案"等政策性文件；2021年4月，上海商务委员会印发了《上海推进直播电商高质量发展三年行动计划》，将直播电商作为未来一段时期重点扶持的经济产业，为直播电商营造良好的发展环境。

未来，随着5G技术的成熟与普及、人工智能技术的快速发展，直播电商的带货场景也将继续拓宽；随着资本、技术、专业人才等持续涌入直播电商，政策支持与监管也将同步完善，直播电商行业也将在更加健康的氛围中实现更快发展。

第六节

直播电商不是法外之地，直播规范化时代来了

2021年"双十二"之前，雪梨和林珊珊被实名通报偷税漏税。之后不久，直播"一姐"薇娅因逃税漏税被追缴税款、加收滞纳金并处罚款，共计13.41亿元。

薇娅被罚预示着直播行业野蛮生长时代的结束，也预示着直播行业的发展开始进入规范化时代。

2021年9月18日，为贯彻落实中宣部《关于开展文娱领域综合治理工作的通知》有关要求，国家税务总局办公厅通知，加强文娱领域从业人员税收管理。

《关于开展文娱领域综合治理工作的通知》是中央宣传部针对流量至上、"饭圈"乱象、违法失德等文娱领域出现的问题印发的通知。拟通过一段时间的集中治理并建立长效工作机制，规范市场秩序，遏制行业不良倾向，廓清文娱领域风气。《关于开展文娱领域综合治理工作的通知》从规范市场秩序、压实平台责任、严格内容监管、强化行业管理、加强教育培训、完善制度保障、加强舆论宣传等7个方面提出了具体要求和工作措施。

一、主播的工作方式及缴税方式

主播与平台的合作方式不同,缴税的方式也不同,下面我们就来详细了解一下。

(一)主播以独立身份工作

主播可以跟合作方签订合作协议,与其形成劳务关系。这样主播的收入就属于劳务报酬,合作方应该按照劳务报酬代扣代缴主播的个人所得税。

(二)主播和合作方签订劳动合同

主播可以和合作方签订劳动合同,双方形成雇佣关系。在这种情况下,主播进行直播就是工作内容的一部分,所取得的收入归合作方所有,合作方给主播的报酬应作为薪酬所得按相关规定缴纳个人所得税。

(三)主播成立个人工作室

主播成立工作室,并以工作室的名义提供直播服务,工作室一般属于个人独资企业或个人合伙企业或个体工商户,所取得的各种收入都应按照经营所得缴纳个人所得税。税法规定,账制不全时可以申请核定征收个人所得税。

二、直播电商行业常见的涉税风险

不管是直播平台还是主播个人,都应提高纳税意识。直播电商行业常见的涉税风险有如下几种情况:

(一)主播错误地认为直播带货不需要纳税

根据《中华人民共和国电子商务法》第十一条规定:电子商务经营者应当依法履行纳税义务,并依法享受税收优惠。

(二)直播平台管理不规范导致的风险

比如有的直播平台对网络主播取得的销售佣金等收入,未依法履行代扣代缴义务;或者要求网络主播提供等额的"替票"才与之结算。因此,诸如此类直播平台,就存在了诸多的风险隐患。

直播平台作为扣缴义务人,应扣未扣、应收未收税款的,由税务机关向纳税人追缴税款,对扣缴义务人处应扣未扣、应收未收税款百分之五十以上三倍以下的罚款。

(三)利用个人独资企业、合伙企业筹划

直播平台利用税收"洼地"等政策,注册个人独资企业、合伙企业来进行筹划,一定要考虑以下两个问题:

1. 考虑实质性运营问题,税务风险大;

2. 各地税收政策也是动态变化,要衡量地方政策与税收征管是否有冲突,以及政策的可持续性。

第七节

直播电商不是选择题,而是必修课

如今,有很多传统电商品牌和线下实体店、工厂,对于直播电商还在犹豫,然而,直播电商的赛道,已经不是要不要进入的问题,而是要思考怎么进入。

一、品牌宣传效率更高

品牌做网络媒体的投放,不仅投放资源很难协调,而且其实很多投放是无效展示,目标客户根本没有看到。而做线下实体推广,覆盖面又太小,除非你做的就是同城生意,否则投放广告的成本将会无限大。因此,很多商家不仅品牌没有打响,产出也是微乎其微。

但在人人都是自媒体的时代,短视频、直播成了人们人生活中不可分割的一部分。相较于微博、公众号的传播,短视频、直播的传播更加短平快,信息密度更大。

那么,短视频、直播的这种优势在品牌宣传方面,直播电商能给商家带来什么呢?

(一)提高品牌转化率

用户转化路径过长,是品牌营销的痼疾。而直播电商可以拉进消费者跟品牌之间的距离且使互动更加深入,而品的牌附加值与美誉度也能得到提升。直播电商可以让品牌覆盖主流优质消费群体,缩短用户转化路径,提高品牌的营销效率。

(二)扩大品牌覆盖面

以前品牌投放广告,要考虑投放不同区域的不同媒体,还要选择不同的时段。到了直播电商时代,你只需要注册一个账号,开启直播,你的品牌可以24小时呈现在全国用户面前。

(三)增强品牌互动性

短视频平台如今玩法多样,这可以帮助品牌与用户更好的互动,让目标客户从围观者变为参与者,进而成为忠诚的用户,帮助品牌打造口碑,给品牌带来源源不断的新鲜血液。

二、带货方式不断改变

从初代网红尝试带货到现在人人都可带货,直播电商的带货方式发生了巨大改变。

抖音电商的直播带货,从"老罗(罗永浩)愚人节"

首秀正式进入大众的视野。之后，越来越多的品牌开始"找头部主播带货"但这种带货方式的问题是，品牌方不仅要付给主播巨额的"坑位费"，还要给其极高的销售提成，最后得到的结果就是赔本赚吆喝。

2020年4月，兴趣电商的概念被抖音正式提出，同时出来的还有"FACT（即商家直播、达人矩阵、营销活动、头部大V）"模型。

平台在给品牌和用户释放一个信号：平台的流量不会只聚焦在个别主播身上，我们全力支持品牌自播，要在平台打造全新的品牌，使所有人都有品牌自播的机会。

如今，越来越多的品牌在平台起步，单场直播的产出少则几十万，多则几千万，而且，这只是个开始。

三、满足商家的渠道渴望

直播电商作为目前更低投入、更高产出、更高效率的一个商品销售渠道，不管是对于创业者来说还是转型的企业来说，都是一个不错的选择。以前我们要衡量一个生意能不能做，至少需要3～5年的试错时间，而在直播电商赛道，几个月结果就出来了，试错成本大大降低。

第二章
搭桥铺路：
精准构建账号运营模型

要做好直播，打造一个标签精准的账号是第一步。不要迷恋0粉0作品开播的账号，那种可借鉴性差，很有可能误导你走更多的弯路。

如果对比热门的账号我们会发现，这些账号的运营模式高度类似，他们的成功是有迹可循的。这些账号往往都有独特的人设，精准的定位、受众，垂直的内容输出……而这些内容也都是短视频运营者需要考虑的问题。

短视频运营是抖音运营的重心，因为打造出一个常出热门视频的账号是个人及商家最终引流变现的核心。

一个优质的短视频运营者需要从平台、用户、账号、内容、引流、变现这六方面着手，吃透平台的算法与机制，深刻了解用户的习惯与需求，规划账号的发展和定位，保持账号内容持续输出，利用各个渠道进行引流操作并变现。

本章将详细介绍短视频运营的六个方面，帮助抖音新手或运营者明确短视频运营需要做的设计与工作，进而创建且运营出有潜力、有价值的短视频账号。

第一节

平台规则：
玩转抖音的算法与机制

工欲善其事，必先利其器。我们要想在抖音运营一个"有热度"的短视频账号，必然要先研究平台的玩法，了解其规范制度及推荐算法。

抖音的算法，简单来说，就是一套适用于所有用户的评判机制。平台根据用户在平台上的操作进行判断，从而给其账号进行分类和打标签。平台对判定为优质用户的账号会加大扶持力度，给予更多的流量和曝光；对营销号或者违反规则的账号会限制其流量和曝光，甚至封号。

一、短视频审核机制

抖音用户发布的短视频只有通过审核，才能进入推荐机制。

（一）内容审核机制

抖音每天上传的新作品不计其数，为了提升审核的效率和精准度，抖音采取的是机器审核＋人工审核的双重审核制度。

1. 机器审核

作品上传后，抖音首先会通过人工智能审核视频的画面、声音和关键词，目的有两个：一是判断作品是否违规，有违规嫌疑的提示人工审核时多加注意；二是与抖音数据库的作品进行比对，如果发现内容与数据库的作品重复会对其账号进行降权处理。

2. 人工审核

人工审核主要审核三部分内容：标题、封面和关键帧。

针对机器审核筛选出的疑似违规作品，审核人员要进行逐个审核，如果确定违规，会对违规账号实施删除视频、降权、封禁账号等处罚。

需要注意的是，抖音审核视频时会先把视频还原成一张一张的图片，然后再识别图片上的内容，精准度高达99.5%。所以，千万别抱侥幸心理，老老实实做内容才是王道。

（二）特征识别

当作品通过双重审核后，抖音系统会根据视频的内容和标题，给视频打上标签，并将其推荐给有类似标签的用户。

因此，我们发布作品时要注意内容垂直。美妆达人只发与美妆相关视频，电影解说达人只发与电影相关视频。这样抖音官方给你贴的标签才准确，给你推荐的流量才精准。

二、视频推荐机制

视频通过审核机制后,就进入了抖音的推荐机制,这个机制决定了视频内容是否能获得足够的曝光度和流量。

抖音在这个机制下主要有两大算法:视频内容算法和热门推荐算法。

(一)视频内容算法

抖音对于视频内容质量优劣的判断,基于其视频内容

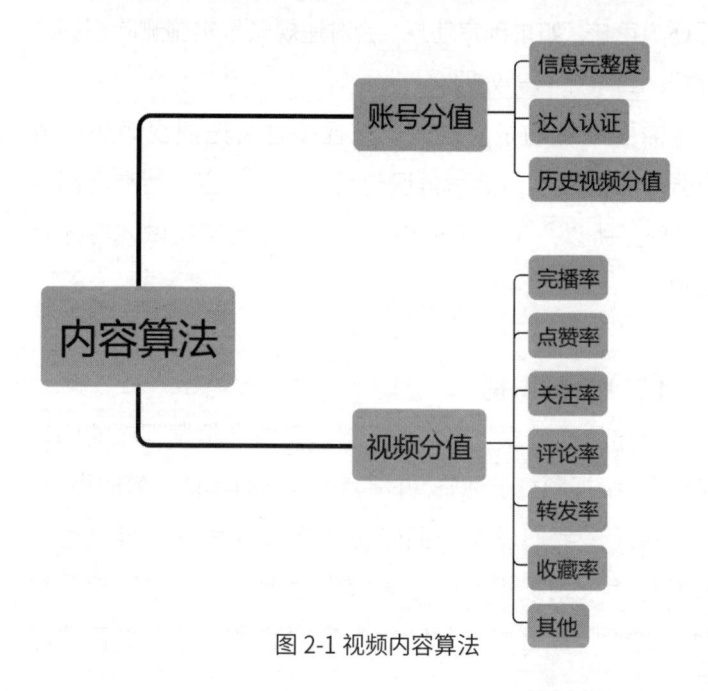

```
                         ┌─ 信息完整度
              ┌─ 账号分值 ─┼─ 达人认证
              │          └─ 历史视频分值
              │          ┌─ 完播率
   内容算法 ──┤          ├─ 点赞率
              │          ├─ 关注率
              └─ 视频分值 ─┼─ 评论率
                         ├─ 转发率
                         ├─ 收藏率
                         └─ 其他
```

图 2-1 视频内容算法

算法。视频内容算法会从"账号分值"和"视频分值"两个维度对视频打分,进行加权,最终评估出视频的质量分数,得分高的优质视频更容易被推上热门。

1. 账号分值

账号分值指的是发布视频的账号本身的得分与价值,主要受以下几个因素影响:

一是账号信息是否填写完整。账号信息通常包括头像、昵称、签名、性别、其他资料等。账号的信息填写得越完整,抖音对账号的判断越真实、准确。

二是账号是否进行达人认证。如果账号进行了达人认证,平台会认为创作者有较高的创作能力与专业水平,并给其一定的加权分。

三是账号历史发布视频分值。如果账号没有进行达人认证,抖音会根据其历史发布视频的内容质量以及话题专业度来判断该账号是否达到标准。

因此,我们注册完账号,要及时完善账号信息。此外,抖音在判断视频的质量时会参考该账号历史发布内容的质量和热度。所以,广大创作者要想做好短视频账号,每一条视频都要精心打造。

2. 视频分值

视频分值指的是短视频的内容质量分数。对短视频内容的好坏观众最有发言权,因此短视频与观众的互动数据是确定短视频分值的主要指标。

短视频与观众的互动数据包括:点赞率、关注率、完播率、评论率、转发率、收藏率、访问主页量等。这些数据是短视频在整个播放过程中实时收集的,所以视频分值是动态变化的。当视频不同维度的数据达到某一个标准时,视频就会被推向下一个推送范围。

这也是为什么我们观看过的很多视频中,达人们会不断引导我们点赞、评论、关注的原因。

不断变化的视频分值直接决定了该视频能否上热门并持续保持热度。编者采访了很多内容创作者,他们普遍认可的作品可以上热门的标准为:完播率 30%、点赞率 5%～10%、转发率 1%、评论率 1%、关注率 0.8%。随着行业不断成熟,数据要求越来越高,具体的标准还是需要再实践中总结得出,更为准确。

(二)推荐机制算法

让短视频上热门是每一个短视频运营者的目标,但现实是绝大多数视频上不了热门。究其原因,是绝大多数短视频运营者并没有真正了解抖音平台热门推荐的算法。

1. 视频发布后的推荐流程:

短视频在通过抖音层层审核后,就会进入我们最关心的推送阶段。

(1)启动流量

启动流量是推荐算法的第一步,也叫冷启动。抖音系统会将视频推荐给 300～500 在线用户。如果这部分用户的完播率、点赞率、播放时长、评论率等数据指标较好，视频将会获得下一层的流量推荐。

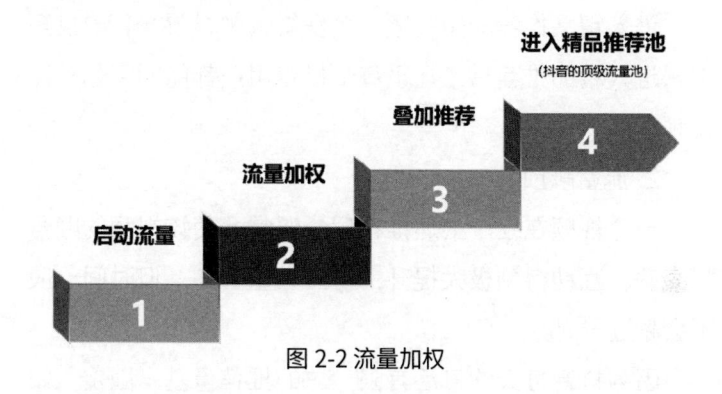

图 2-2 流量加权

（2）流量加权

视频初始流量的反馈数据，结合账号分值来决定是否给视频加权。获得流量加权的视频 1000～5000 的流量。

如果我们想让作品进入叠加推荐，打造爆款视频，就要特别注重基础流量，提升完播率、点赞率、评论率和转发率。

（3）叠加推荐

获得流量加权的短视频如果完播率、点赞率、评论率、转发率等数据反馈良好将获得抖音更大的加权，此次加权

图 2-3 进入精品推荐池的规则

的流量会精准匹配到该视频的目标用户。

（4）进入精品推荐池

进入精品推荐池短视频，会获得大规模曝光。一旦短视频进入精品推荐后，几乎每个抖音用户都能刷到你的短视频。

2. 流量触顶

一个视频在经过上述推荐后，通常会使该视频的账号曝光率、互动得到极大提升，粉丝大量增加，但时间一般不会超过一周。

因为抖音每天的日活有限，总的推荐量基本固定。如果与内容相关匹配的人群基本完成推荐，就会停止推荐（非精准标签人群反馈效果差）。同时，抖音也不希望某个账号直接火起来，而是更想继续考验其创新和持续输出优质内容的能力。

第二节

用户至上：
探寻抖音用户的心理机制

短视频运营的整个过程其实就是不断洞察用户的心理，根据用户的心理需求，不断创造出用户爱看的作品，从而获得更多用户关注，最终变现的过程。因此，对于用户心理的探寻就显得尤为重要。

一、抖音用户画像标签

经过几年发展，抖音已经从单纯提供娱乐服务成功转型为包括直播带货、内容付费等多种形式在内的综合服务综合服务平台。

抖音庞大的DAU（日活跃用户数量）及成功的兴趣电商模式，让其成为商家必争之地。想在抖音做生意，一定要先了解抖音的用户，了解自己的目标群体。

（一）用户年龄

根据抖音白皮书披露的数据，抖音平台以年轻用户为主，30岁以下人群占52.26%，30～40岁人群占38.18%，40岁以上人群占9.56%。"90后"和"00后"为抖音主力用户。

这个群体更加愿意尝试新产品与新购买方式，自身也有一定的消费能力。

(二)用户性别比例

抖音官方数据显示，抖音的女性用户占比55%，购买力较强。虽然男性在购物平台上花费的时间较少，但抖音作为娱乐社交平台，也给男性创造了一个边玩边看边买的空间。

(三)地域分布

抖音有别于快手"农村包围城市"的路线，选择了自上而下地渗透，从一二线城市慢慢向三四线城市、五六线甚至更小的城市下沉。

(四)活跃时间

据相关数据显示，抖音用户活跃的每天时间段有3个，分别是中午12：00—13：00，晚上18：00—19：00以及21：00—23：00。用户的活跃时间也是我们选择发布视频时间的重要依据。

(五)用户偏好标签

抖音官方发布的数据显示,用户最喜欢的视频前五类分别是:演绎类、新闻类、影视类、生活类和美食类;另外,男性用户更喜欢军事类、汽车类、游戏类视频,而女性用户对美妆类、母婴类、穿搭类视频更感兴趣。

二、抖音用户心理分析

想要创作出优质的、受欢迎的短视频作品,创作者需要从受众心理出发,了解心理习惯与心理需求。

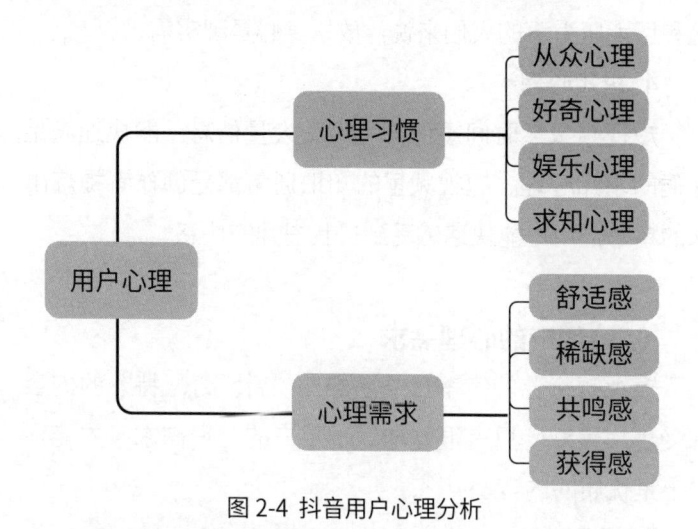

```
                    ┌─ 从众心理
          ┌─ 心理习惯 ─┼─ 好奇心理
          │         ├─ 娱乐心理
          │         └─ 求知心理
用户心理 ─┤
          │         ┌─ 舒适感
          └─ 心理需求 ─┼─ 稀缺感
                    ├─ 共鸣感
                    └─ 获得感
```

图 2-4 抖音用户心理分析

(一)用户的心理习惯

用户的心理习惯往往是人们在特定情境下产生的特定行为。在抖音短视频运营过程中常见的有以下几种:

1. 从众心理

人作为群体动物，思维和想法非常容易受其他人影响，以避免将自己放在"大家"的对立面。看到别人去做了一件事，我们也会跟着去做，这就是从众心理。

2. 好奇心理

短视频随手记录生活的形式，能让用户看到不同身份、职业的人的生活情境，能很好地满足用户的好奇心理。

3. 娱乐心理

大多数人刷短视频都源于娱乐心理，希望通过观看短视频缓解压力。人类有追求快乐的天性，对于处在复杂环境和巨大压力下的人们来说，放松身心是现实需求。

4. 求知心理

短视频虽然时间短但却承载着大量信息，能快速满足人们的求知心理。短视频里的知识通常都是创作者提炼出来的精华，用户能快速感受到自我提升的快感。

（二）用户的心理需求

短视频行业的竞争日益激烈，"新、奇、特"的内容深受用户喜欢，只有很好地满足用户的心理需求，才能称得上是优质的内容。

1. 舒适感

人们每天都要面对来自生活、学习、工作、情感等方面的困扰和压力，因此希望找到一些能令自身放松、愉悦的活动。抖音便是选择之一。

如果一个抖音账号能持续输出有新意的娱乐性质的短视频，满足用户追求快乐的需求，就能让更多的用户关注。

2. 稀缺感

抖音平台会根据用户的喜好推荐用户感兴趣的内容，想学做菜的会刷到美食视频，喜欢篮球的会刷到篮球教学视频或比赛视频。人的注意力往往被自己缺失的东西吸引，甚至自己都无法察觉。在稀缺感的本能诱惑与驱使作用下，用户的注意力会自动转向未满足的需要上。短视频平台帮用户捕捉到信息，不停地根据其需求推荐视频，从而出现了抖音越刷越上瘾的情形。

3. 共鸣感

很多短视频成为爆款事因为让用户产生了共鸣，共鸣分为正向共鸣和反向共鸣。正向共鸣是用户对视频内容认同，一看就觉得"说得对"，讲出了他们的"心声"。反向共鸣是用户对视频内容不认同，觉得说得没有道理。

正向共鸣会体现身份价值，"共鸣点"的讨论；反向共鸣会引起用户对"槽点"的争论。两者都容易引发粉丝的热议，从而产生爆款。

4. 获得感

短视频平台大多是娱乐属性，但是如果用户可以在轻松愉悦的体验中，获取新的知识和技能，也算是一举两得。短视频的创作者需要考虑用户的即时获得感，即让用户觉得看完视频就有收获。

三、用户互动心理公式

抖音最关注的数据就是用户与视频的互动数据。因此短视频的互动数据漂亮才容易上热门。这就要求每个视频创作者都要了解用户在与创作者互动时的心理：用户为什么会产生互动行为？互动率的指标有哪些？

(一)互动行为背后的动机

当用户与创作者互动时，很大程度上源于你满足了他们的需求。而这种需求，大多是由5种动机触发的：满足快乐——逃避负面情绪；满足好奇——提供谈资；学习效仿——参照物；设计目标、解决问题——更好地完成某项任务；自我实现——对成功的渴望。

(二)互动率

互动率是由点赞率、评论率、转发率、关注率、完播率等指标决定的，每个指标都有对应的合格线，要上热门，每个指标都要达到行业中等以上标准。在抖音后台可以看到这些数据，不同级别标准不同，级别上升，意味着标准提升。那这几个指标意味着什么呢？怎么提高这些比率呢？

1. 点赞率

点赞率高表示视频内容在情绪上获得共鸣，在价值上赢得认同。根据相关数据，90%的点赞发生在视频的前5秒，所以创作者在标题和开场话术中要多强化重点或突出数字，如"90%的人都踩过的坑""这条视频看完帮你每天省下1个小时""这3句话你经常拿来伤害身边的人"等，引导用户点赞率并收藏。

2. 评论率

评论率高表示视频内容让用户产生了表达欲。很多视频没人评论，是因为缺乏设计，创作者可以在视频中通过直接提问、制造冲突、留下槽点、制造反差等方法引导用户评论，如"你听到最暖心的话是什么？""你没有获得成功是因为你太努力"等，引导用户转发。

3. 转发率

转发率高表示视频内容说出了用户想要表达、分享的观点。创作者想提高视频的转发率要学会帮用户说话，在开场话术中设置这样的话术，"怎样才能算一个好父亲？""还不结婚的原因，看看你中了几个？""快@你闺蜜一起看"等，引导用户转发。

如果你的视频能帮用户表达情绪，用户也不会吝啬他的转发。另外，在抖音保存视频也被归于转发。

4. 关注率

关注率高表示视频内容让用户看到了价值，并且用户希望通过关注账号持续获得价值。创作者想提高关注率，需要不断提升账号的价值。如果一个账号能持续输出价值，无疑够有效提升关注率。同时，创作者还可以把自己的账号当做品牌经营，保证头像、封面、产品图风格统一，价值观一致。

5. 完播率

完播率高表示视频内容能吸引用户，耐心看完视频。创作者想要提升完播率，一方面开场要设计好，另一方面，内容的信息密度要把控好。

文案不要拖沓，20秒能说完的内容，不要拖到25秒说完。最后，尽量每天更新，以培养用户习惯。

第三节

精准定位：
创建有发展潜力的账号

很多人在没想清楚的情况下，就开始创建账号，没有规划地发布视频，也毫无规律可言；经过一段时间后就发现账号运营状况不佳，甚至没有内容可输出……

因此，想要创建有发展潜力的账号，一开始就需要把各方面都规划好。

一、账号设置

账号设置十分重要，完整的资料能有效增加账号权重；同时，能向用户传递账号的理念和价值观；继而能更好地展示账号主体（品牌形象），吸引粉丝关注。

（一）设定具有高识别度的账号名称

好的账号名称可以很直观地向观众展示该账号的价值，一定程度上，在可以推广引流的时候，能降低账号的推广成本。在设定账号名称时，团队可以头脑风暴，也可以参照同类型热门博主的取名方式，保证账号名称好理解、好记忆、好传播。如：

性格+花名：暴躁的××、健忘的××；

特长+花名：爱跳舞的××、爱做饭的××；

花名+类目：××家居、××女鞋、××的衣橱；

产品/地名+哥/姐/妹/兄：丽江××哥、××姐妹；……

（二）设置吸睛头像

图像往往比文字更能吸引人，设置吸引人眼球的头像，其重要性不言而喻。我们在设置账号头像时，需要符合两个原则：一要符合账号整体的定位；二要确保图像清晰、美观、不杂乱。

个人账号：可以放个人的生活照，拉进与粉丝的距离，也就是所谓的"接地气"。

企业账号：可以放企业的Logo，不仅能增加品牌的曝光度，还可以增加企业账号的专业度，让用户产生信任感。

（三）设置账号简介

账号的简介是对账号定位的诠释。在设置账号简介时，可以巧妙地设计文案，引导用户关注。好的账号简介一般包括以下几点内容：

1.自我介绍

一般账号简介的开头会先介绍自己或账号所涉及的特

长，如"多年 Office 实战经验"；也可以先介绍账号身份，如"知识类视频自媒体"。

2. 表明观点

最好在账号简介中表明自己的观点，展示自己的个性，让用户更加了解自己。这也能帮助账号更加精准地吸引志同道合的用户，如"所有未在美中度过的生活，都是被浪费了"。

3. 提示价值

在账号简介中向观众展示自己或账号的潜在价值，吸引用户关注。要让观众了解视频内容是有价值的，关注此账号能使他源源不断地获得价值，如"每天分享一个变美的小技巧"。

4. 联系方式

若想通过抖音账号引流、经营自己的私域流量，或开通商业合作渠道，可以在账号简介中留下联系方式。注意不要出现"微博""微信"等词，而要用谐音词或字母代替，如"WX""V 心"。

（四）主页背景图

主页背景图是除了头像之外最能直接展示账号风采的部分。

主页背景图主要有人物照片、二次介绍、引导关注三种类型。人物照片可以强化账号主体在用户心中的印象，如果是团队就放合影。二次介绍可以强调账号亮点，如"抖音最会花钱的男人",也可以将重要信息与引导关注相结合,以加深用户记忆。引导关注可以指出关注账号之后能获得的利益,如"关注我,教你一个月瘦10斤"。

(五)统一风格的封面图

用户打开账号主页,在账号头像、简介之下,会看到不同短视频的封面图。整齐统一的封面图往往能给人愉悦感,能使用户产生点开观看的欲望,也能让用户感受到运营者的用心,从而提高账号调性。

(六)封面文案

为了吸引用户点开视频,可以在封面图上加上吸引人的标题,同时也可以方便平台为账户打上更精准的标签。注意,字一定要居中、大而清晰。

常见的视频标题主要有以下5种:

1. 作总结,以盘点、全套、榜单等词开头,如"盘点2022最火十款面膜"。

2. 设剧集,以××系列之(上、下)揭秘网红系列之——为标题。

3. 列数字,以××招教你为标题,如"28天教会你抖音运营"。

4. 作对比,以××与××的区别为标题,如"南方买菜和北方买菜的区别"。

5. 提问题:以如何做到××、××你同意吗为标题,如"如何三句话让人佩服"。

(七)视频发布节奏

很多大号之所以能成功,除了入局更早、内容更好、文案更棒等原因,他们的作品发布频率和时间选择同样值得借鉴和参考。

新账号建议每天至少更新一条,提高账号活跃度,丰富账号内容;老账号建议每周更新2~3条,注重作品的质量,切忌长时间断更,否则账号之前的积累会毁于一旦。

抖音在线人数高峰是有固定时间段的,新手可以参考那些优质账号发布视频的时间,后期再有目标地错峰发布。

三、账号内容

账号内容是账号的核心,是账号人设和价值的载体,直接决定用户是否关注以及关注多长时间。只有精心设计内容,再配以最恰当的题目,才可能打造出用户喜欢的内容,并获得关注。

(一)策划视频的原则

视频创作者在策划视频时应遵循三个原则:

1. 坚持用户导向

从用户需求出发策划视频,考虑粉丝的偏好。基于粉丝需求的视频,才可能收获较好的视频数据。

2. 策划有价值的视频

不管策划什么类型的视频，都要考虑对用户来说是否有价值的视频，才可能获得不错的数据反馈。

3. 选题内容要垂直

一个视频账号最好在一个垂直细分领域深耕，持续向精准目标用户输出价值，才可能让粉丝建立信任感，从而获得良好的反馈。

（二）视频内容系列化

要想让用户感觉你的账户能给其带来长期价值，还需要让账号的内容系列化。比如，做旅游类视频，那就要全部都拍这个系列；做宠物类的视频，账号就需要围绕萌宠拍摄日常。系列化的运营可以为账号创造属于自己的标签，精准吸引高粘性粉丝，继而产生更大的商业效果。常见的系列化视频有以下几种类型：

1. 剧情型

视频通过某个主题的剧情，塑造一个或多个人物形象。如抖音某博主一人分饰妈妈和女儿两个角色，展现逗笑日常。

2. 知识分享型

视频内容以给观众介绍新奇、有趣、有效的知识为主，如抖音上各行业的系列教程。抖音有很多账号开设了知识科普、拍摄技巧、化妆技术等系列视频。

3. 测评型

视频内容以测评网络上热门商品的成分与功能为主，

测评的产品包括手机、美妆产品等。抖音上有个很有名的叫××测评的美妆行业测评博主，专门针对热门化妆品护肤品进行测评，并给用户分享专业的测评报告。

（三）视频形式系列化

视频形式系列化主要是通过固化视频展现形式中的一个或几个锚点，通过多次重复，让其成为用户对该账号的记忆点。视频创作者可以通过以下几种方式使形式系列化。

1. 固定场景

固定视频拍摄场景，如抖音有一个展示"深漂"青年做饭的账号，视频拍摄的场景固定在一个出租屋的厨房，生活气息很浓，同事也点明了账号主题。

2. 统一封面和标题文字风格

统一账号所有的视频的封面和文字风格，以形成系列。账号主页统一的封面会和标题文字风格给用户造成视觉上的冲击，也能体现账号的整体性。

3. 固定拍摄视角和拍摄手法

固定视频拍摄的某个视角、拍摄手法等与画面有关的技术环节，这样可以让用户养成观看习惯，更快进入视频情境。

4. 固定动作或环节

固定某个动作或某个环节，如美妆博主展示产品时用指甲在产品上敲击两下，美食博主展示就会有一个装盘动作等。

5. 拥有自己的语言标签

创造适合自己的语言标签,如某头部带货主播的口头语"OH MY GOD""买它!买它!"不仅形成了鲜明的个人特色,还能够很好地带动氛围。

四、养号"玄"学与官方解读

养号就是运营。养号的时候,很多抖音运营者总结了养号"玄"学,抖音官方也对此进行了解读,下面我们一起来看一下。

(一)设备会影响账号流量

1. 同一台设备,频繁地切换不同的抖音号,即"一机多号"会影响账号流量,被判定为小号作弊;

2. 不同抖音账号使同一个WiFi发布视频,会影响这些账号流量;

3. 使用4G发布视频比使用WiFi发布视频流量多;

4. 同一抖音号在多个设备上登陆会影响账号流量。

官方解读:正常账号进行以上操作均不会影响流量,但是平台为打击黑色产业链,会对有作弊行为的账号进行处理。

(二)视频发布时间不同会影响流量

1. 不同时间段发布的视频,流量差异很大;

2. 一段时间不发视频，重新开始发视频流量时就会被限制；

3. 自己账号的视频流量与自己账号刷别人视频的时间长短有关。

官方解读：视频发布频率跟视频内容有关；视频发布时间可以参考站内用户的活跃时间段，平台不会有任何限制；刷别人的视频只会影响个人推荐页视频的分发，不会影响个人账号的流量。

（三）视频发布数量受到限制

1. 一个账号一天发布视频不能超过3个；

2. 视频在同一账号发布两遍以上火的概率更高。

官方解读：平台本身对视频发布数量没有任何限制，但是为了营造公平健康的网络环境，建议不要多账号发布相同的内容。发第二遍会火，是基于概率产生的错觉。

（四）与粉丝互动会影响流量

1. 在视频播放量不断增加时，频繁刷新或者删除回复和评论，会造成影响流量；

2. 发布视频后在评论区和粉丝互动，对视频流量会有影响；

3. 抖音对大账号会有打压策略，粉丝越多，越容易被限流；

4. 可以靠刷播放量或者刷赞让自己的视频尽快由现在

的推送范围进入更大的推送范围。

官方解读：抖音支持良性互动，反对恶意刷屏和无意义灌水；多与粉丝互动，对账号是有益的，但是严厉打击刷粉刷赞等作弊行为，一经发现，立刻处罚；抖音对于账号本身粉丝多少没有限制，但是账号粉丝基数大，新增粉丝本身具有一定局限性，因此上升空间相对较小，也需要创造更多优质内容，以提升账号核心价值。

（五）拍摄误区

1. 视频拍摄如拼接、合拍、原画，形式不同流量差异也大；
2. 竖版视频会比横版视频流量更好，尽量用抖音的原生相机进行拍摄，剪辑可能会影响流量。

官方解读：对于创作形式无限制，平台鼓励优质原创，欢迎画面和声音清晰、配乐精美、客观公正的内容。

（六）企业号影响流量

1. 认证成为企业号后会影响账号的正常分发流量；
2. 企业号比个人账号容易起量；
3. 企业号被举报后处理会更严厉。

官方解读：任何举报都会经过核实，如果没有违规行为，恶意举报不会对账号产生影响；企业号比个人号拥有更多功能，但是在流量等规则上一视同仁。

(七)DOU+影响流量

1. 投放 DOU+ 后，账号会开始有 DOU+，之后不投放会影响正常的流量；

2. 投放 DOU+ 后，该视频就没有自然流量了。

官方解读：DOU+ 是视频加热工具，可以将视频推荐给更多兴趣用户，提升播放和互动量，但是不会影响正常的流量；如果出现没有播放的情况，可能是数据延迟，耐心等待即可。

(八)购物车影响流量

1. 视频添加购物车可能会影响流量；

2. 抖音带货，一个类目商品不同用途会影响账号属性；

3. 真人上镜跟非真人上镜影响推荐量，不真人出镜的视频流量会比较差。

官方解读：添加购物车、商品属性以及商品展示形式与平台视频流量分发没有直接相关性，但是综合以上几点都需要从用户侧考虑，视频所呈现的效果和质量是否影响用户的观看体验，因为内容是决定流量高低的重要因素。

第四节

运营齿轮：
九大法则盘活账号

短视频运营者都知道，视频发布后点赞量、评论量、复播量等数据的重要性，提高各项数据能帮助视频快速冲上热门。针对每项指标，其实都可以融入特定技巧，让用户更容易产生相应的行为。

一、点赞法则

点赞量是影响短视频上热门的一个重要数值，点赞量越高，推荐量才越高。而第一波流量下的点赞率至少要达到3%～5%，才算达到抖音的要求。点赞率＝点赞量/播放量，也就是说每100个播放量，至少要有3～5个点赞。那我们要如何提高点赞量呢？

（一）人为助力
1. 发动周围的人点赞

人往往会有一种从众心理，很多内容不错的视频，因为没有基础赞，观看到的用户也不会点赞。所以在视频发布的时候，要第一时间发动身边的人去点赞、评论，以提升视频各项数据。

2. 投 DOU+

提升点赞量最快的方法，就是投放 DOU+。投放的作用，是锦上添花，而不是雪中送炭。很多人有个误区，投放数据不好的视频，而不是数据好的。

实际完全相反，投放 DOU+ 的根本目的是对有潜力的短视频进行加热，当我们对自然流量较好、内容优质的短视频投放 DOU+ 时，短视频会获得更高的热度和播放量。如果短视频本身的自然流量就表现不好，再怎么投放 DOU+ 也是无用功。

（二）内容助力

1. 做有价值的内容

很多用户看到内容不错的视频，会通过点赞，以便下次直接翻开点赞列表找到它，如一些教程类的视频，美食教程、Word 排版技巧、穿搭技巧等。

因此，我们要做对视频用户有价值的内容，这是吸引粉丝点赞的基础。

2. 引起共鸣，结尾刺激点赞

很多用户的点赞行为，发生在视频快要看完的时候。这就对我们视频内容的设计提出很高的要求，不仅开头要出彩，结尾的设计也很重要。

同时，在视频的最后，需要设置一个刺激用户的点，让他们产生点赞表示支持的想法。可以把最具有启发的内容放到这里，如情感教育类的结尾要让人受到启发或情感冲击；搞笑类结尾要给出超出期望的笑点；婚纱摄影类结尾要展示极大的效果反差；商业类结尾要给出方法、方向；彩妆教程类结尾要展现颠覆与秀美等。

3."委婉话术"引导用户点赞

抖音对视频中诱导点赞、评论、关注等违规行为审查很严格，处罚力度很大，如对违规账号的视频不予推送，严重的还会封禁账号的投稿功能。

因此在视频中，不要直白地出现"喜欢就点个赞吧""想知道就快点赞收藏"的话术，可以采用委婉一点的话术，如"喜欢的宝，给我点个小心心""我这个内容非常有用，你一定要保存下来慢慢看""喜欢赶快保存下来，免得以后找不到哟"。

二、评论法则

视频互动率是抖音评估短视频质量的一个重要指标，运营者可以通过一些主动干涉，引导用户参与评论，提升评论率，进而提升视频在正向维度上的数值，把视频推向下一个推送范围。

（一）主动引导

主动引导又分为直接引导和问题引导。

直接引导是在视频的开头或者结尾处，添加一些关键话术，如"一定要看到最后""在评论区说出你最喜欢的城市""在评论区@出你最想和他分享的人"等，直接引导用户评论。

问题引导是在视频或者标题文案中，添加一些互动性的问题来提高视频的评论量，注意问题要偏向大众化，才能让更多的用户参与进来，如"我去过最好玩的地方是新疆，你呢？""你最爱的那个人的姓名的最后一个字是什么"等。

（二）剧情引导

在视频内容中设置一些点，让用户看了产生强烈的倾诉欲，如制造冲突、引起观众共鸣、设置悬念等。

制造冲突可以是提出独特、反主流的观点，以引起用户讨论，表达他们的不满、不赞成，可以在评论区各执一词，甚至产生争吵。如"亿万富豪回家装穷测试穷亲戚，结局太令人心寒"。需要注意的是：剧情所反映的内容不能触及到法律法规和抖音规范。

此外，看完视频的用户如果对作品产生共鸣或同理心，如"这不就是在写我吗？""我和你想的一样唉！""这人好可怜，我想安慰"等之类的心情。这时他们特别需要一个情绪的宣泄口，评论区就会成为他们快捷表达的场所。如"无缘无故当街猛踹小女孩，人渣！"。

设置悬念可以从"凭什么""是什么""为什么"三个点出发。

凭什么："35岁的她看起来像18岁少女，原来这样保养""市值突破1.2万亿美元，苹果凭什么？"

是什么："胎动是什么感觉？""有个长头发老公是什么感觉？"

为什么："为什么学习差的同学都当老板了，你却在打工？""为什么越是平凡的女人嫁的男人越好？"

（三）神评论引导

我们细心观察会发现，有时候评论区中神回复的点赞量甚至比视频还高，并且非常能带动评论区的节奏。很多爆款视频的评论区，高赞评论也都特别有意思，神评论的网友真的都这么有才吗？

不见得，评论区也是需要靠我们运营的一部分。当视频发布后，遇到有意思的评论，要及时给他点赞或回复，让他的评论可以出现在视频评论区的前排，让更多的人能够看到。

而通常情况下，视频发布初期基本都没有什么评论，更别说神评论了。这个时候我们就需要自己准备一些神评论，用小号发布在评论区，引导用户围绕这个话题展开更多互动，快速增加我们的评论量。

有效的神评论甚至能让用户在该评论下不断"盖楼"，从而极大地唤醒其他用户的互动欲望。因为有一些用户更愿意和其他用户而不是博主互动，用户之间往往会有一些奇妙的共性。

三、关注法则

为什么有时候视频的点赞率和互动率还不错，但涨粉数量却寥寥无几呢？相对于点赞、评论来说，关注是一个更加高级、更加复杂的动作。通常情况下，用户的关注路径是：刷到视频或直播、产生兴趣、点开主页、判断值不值得关注。

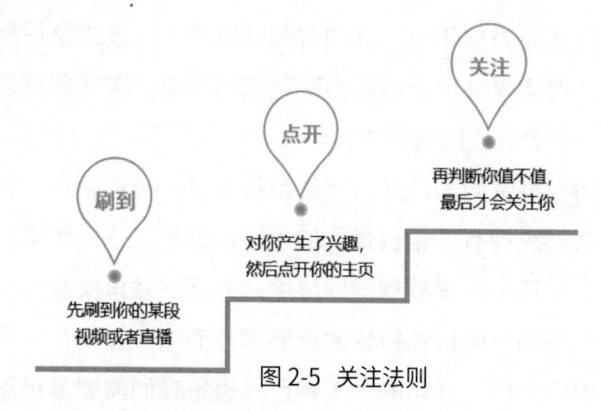

图 2-5 关注法则

要想观众顺利走完关注路径，进行关注动作，运营人需要在整个流程设计吸引点，展示价值。

（一）账号价值

账号价值针对用户而言，主要的价值有三个，分别是愉悦价值、猎奇价值、教学价值。短视频作为娱乐消遣的平台，大部分用户上来刷视频初衷也是如此。如果你的视频能让他感到愉悦，排除心理的负担，这就是你的愉悦价值。如果你能通过分享的视频，带领用户见没见过的景色、听没听过的故事、尝没尝过的食物，这也能很好地满足用户的好奇心。同时，短视频作为碎片化学习的载体，不同于繁杂知识体系的学习，它既能让粉丝拥有获得新知识的成就感，又是用户非常喜欢的学习方式。如果你的账号教学属性足够明显，有可能用户视频还没看完就点击了喜欢和关注。

除了让观众看到单个视频的价值，还需要告诉观众，你有持续提供价值的能力。有很多单个视频爆火的账号，因为创作能力跟不上，其他视频反响平平，最终是泯然众人矣。持续提供价值的能力听起来很抽象，实际展现就是主页一个个优质的视频内容。

因为抖音的国民性，大量创作者涌入抖音平台，各个类目都已经拥有了相当优秀的主播。试想一下，如果已经关注了好几个美食教程类的博主，你还愿意再关注一个新美食主播吗？所以独特性的重要不言而喻，如何在同质类的主播中，树立鲜明的个人特色，也是我们需要着重思考的问题。

（二）引导关注

用户在对你产生了兴趣，或感受到你提供的价值后，就会对你进行考察，以决定是否要关注你。考察的重要一步就是点开你的主页，所以主页的设置非常影响用户对你的判断。

主页的展示一定要呈现出整体性，体现专业度。具体细节前面介绍账号的章节中有讲过。这里再强调一下，主页中个性签名的重要性——这是唯一一个能用大段的文字向观众介绍自己和展示自己价值的舞台。

比如，可以用一句话来介绍自己的个性、兴趣、职业等，或者直接把获得的奖项和头衔写上去。其次，要让用户明确你能带来的价值，且这个价值最好是持续性的，如做美食教程可以写上"每天更新一道私房菜"，服装类可以写"每天分享实用的穿搭技巧"等。

在主动引导关注的时候，可以在3个地方着重设计：视频末尾用文案或者动画提示；主页上方背景图版面设计一句话提示；个性签名设计用一句话提示。

四、转发法则

抖音官方公布的推送数据表明，一条短视频想要获得推送的机会，转发率要达到0.3%以上。同时转发行为的产生一定是视频引起了分享人的共鸣且和被分享人有一定关联，有效转发可以为账号吸引更多精准、有需求的粉丝。

那我们如何提高用户的分享欲望，提升转发率呢？

（一）社交货币

提升视频的社交货币属性。"社交货币"指用户通过转发你的视频内容，能够完成社交目的。

例如，有条视频是通过机器让男人体验分娩的感觉，男人疼得大喊大叫，最终放弃。这条视频的转发量高达 5 万次之多，很多女性会把这条视频分享给她们的老公或者男朋友看，让他们了解女人生孩子的艰辛。作者很好地制造了"社交货币"，也因此促成了视频的高传播性。

(二) 植入诱因

在视频中植入诱因。诱因，通俗来讲就是可以通过一个东西引到另一个东西，如看到月亮会想到中秋节，所以在中秋节大家都会转发月亮。我们要善于发现并在视频中植入诱因，选择更容易促成高转发量。

(三) 有所收获

向粉丝分享对其有用的视频内容比较容易获得转发，如健身运动、美食教程、生活小妙招等。用户看完这样的知识类内容，一般会分享给身边有同样需求或有知识盲点的家人或朋友。

(四) 温暖治愈

数据表明，萌娃、萌宠类视频的转发率较高。萌娃、萌宠也是很多家庭的成员之一，很容易引起父母和铲屎官们的共鸣，同时观看萌娃、萌宠类视频很大程度上会有治愈的效果。

(五)阐述道理

很多视频通过画面加配音的方式,阐述一段人生道理,往往都是一些概括性强、类似"过来人"经验的话语,能让很多人产生共鸣。当用户非常认同视频中的观点,就会将视频进行转发,就好像我们在朋友圈常看到的心灵鸡汤。

(六)文案引导

在视频中合理设置一些引导语,通过描述明确的身份特征,提示用户转发视频。例如,"这么罕见的一幕,你最想分享给谁?""快转发给你闺蜜看""姐妹们还在等什么,让你男朋友学起来"等。

五、标题法则

有时候我们会发现一些视频内容平淡无奇,但是点赞量很高,其中的奥秘就在于标题上。好的标题不仅能使视频的内容变得丰富饱满,对视频内容做出解释;也能够激发用户的探索兴趣,提高评论区的热度,从而带动视频互动率。

那好的标题到底怎么写?常用的方法有八种:

(一)疑问法

提出一个大家都想知道答案的疑问句,而答案藏在视频里。

常用的格式有"如何……""知不知道……""有没有……"。众多热门视频也都用到了这个方法,如"在婚后的日子里,该如何保持热恋时的浪漫?"

此外,要想出彩,还可以利用反常识,如"520 想给男朋友送个礼物,大家有没有好的男朋友推荐?"。在我们的认知里,送礼物很正常,可怎么又变成推荐男友了呢?这个反常的标题很容易就抓住了用户的好奇心。

(二)数字法

人的大脑偏爱数字,所以大家可以在标题中多用数字,这样更容易抓住用户的注意力。

数字法的关键在于要放上有看点的数字,如"99% 的人都不知道""……不超过 2% 的人会"等。在使用这个方法的时候,数字非常关键,所以可以夸张一点,让用户觉得震惊,激发他们的逆反心理——我就不信我不是那 1% 的人,我会不知道这个?

(三)热词法

在标题中融入热点新闻、流量热词、明星名字、品牌名字等。

平时多关注时事热点,利用热词自带的流量,更容易做出爆款视频。如疫情期间,中国的外交官们在国际舞台上展现的外交风采,吸粉无数,大家亲切地称他们为"外交天团"。这四个字在多家媒体视频中出现,众多爆款视频应势而生。

(四)对话法

假设在与他人对话。

如"隔离区供开水,却被想喝矿泉水的女子质疑'没人权',网友:有人心者有人权"。这个视频利用对话法,给出了对于视频中所要讲述的新闻的态度"有人心者才有人权"。

或者标题前半句描述情况,后半句提出问题,如"对普通女生说不,对心机女该说什么?",直接利用后半句的内容来创作视频,让人想看、想讨论。

(五)好奇法

通过话讲一半的方式引起用户好奇。

如"我们遇到了史上年纪最小的'自首'……"(出自@十堰警事,该视频1099.5万点赞)。看到这个标题,大家会好奇:"最小是多小?为什么自首?"

对于知识分享类的视频,还可以结合数字法一起使用,如某律师事务所的"记住三个电话,不会再有人欺负你了"。

(六)对比法

把有强烈反差的东西放在一起,传达出强烈的情绪。

这个方法适合有看点的内容,如"遇到喜欢的人要大胆出手,遇到渣男要大打出手""小时候的你VS现在的你"。

(七)电影台词法

经典的电影作品中往往会有广为流传的金句,把自带流量的句子用在标题里,特别容易火。

如游戏区某博主用《哪吒之魔童降世》中的那句"我命由我不由天!"唤醒了很多人身上不服输的干劲儿。凭借这条视频,他收获了百万点赞,涨粉数十万。

(八)俗语法

利用一些大家都知道的句子,延展出视频要表达的观点。可以对一些大家熟悉的俗语进行改编,注意要押韵。

如"心里住着小星星,生活才会亮晶晶",读起来朗朗上口,看标题就会有一种温暖感。

六、音乐法则

背景音乐用得好,可以引导情绪、渲染氛围,完善视频效果,能大大提升视频的完播率与互动率。

观众遇到喜欢的背景音乐非常愿意多听几遍,甚至会在评论区问背景音乐的来源。那么,选择背景音乐时应遵循哪些法则呢?

(一)用音乐表达情绪

音乐,是有情绪的。不同的音乐,会给人带来喜怒哀乐等不同的情绪体验。平平无奇的素材如果加上调性鲜明的音乐，会瞬间让整个视频的感觉焕然一新。

(二)用配音讲述一个故事

配音赋予画面故事性，简单有趣，效果极好，其承载的信息量足以挽救一段平淡无奇的画面剪辑。

如某萌宠博主，拍摄的视频并不出彩，但是给猫咪加上配音后，就变成一则非常有感染力的故事。

(三)用声效强化特效

恰到好处的声效出现在视频关键时间节点，会成为视频的亮点，能升级观众的感官体验。

如以特效为主的视频，加上准确的声效能完美地配合动作，使视频风格更鲜明。

(四)用节奏引领剪辑思路

选择节奏鲜明的音乐来引导剪辑思路是常用且高效的做法，既让剪辑有章可循，又避免了声音和画面自说自话。

如游戏类视频，常通过强节奏的音乐带动内容与画面的转换，进而使其节奏变化与转换的内容达到完美契合，同时给整体内容增添了很多张力。

(五)用抖音神曲组织已有素材

合理地选择抖音热歌榜的神曲来组织素材，除了符合抖音特色的剪辑手法和特效，也能够起到出其不意的效果。

要知道抖音热歌能被顶上热搜,一定是某个点契合了大众的需求,或歌词感人,或情绪引起共鸣。

(六)用反转音乐预设期待

反转梗虽然常见,但总是有效。适当添加反转音乐,能快速使用户建立心理预期,让用户一听就好像知道会有什么转折会发生,促使其一定要继续看下去。

(七)用歌曲赋予主体信息

歌曲本身的旋律或歌词,会带着很多信息进场,如果画面是相辅相成的,整体传递出的信息就会非常立体。

(八)用标志性人声强化可识别性

与音乐和环境声效相比,独特的人声更能直击灵魂。在抖音就有几位因声音出圈而坐拥千万粉丝的博主,如顶着不同假发一人饰演多角的毛毛姐,就是靠着其魔性的声线火爆全网。

七、脚本法则

写脚本是进行视频拍摄必不可少的一环,一个优质视频背后绝对会有一份同样优秀的脚本策划。如何写好脚本,常常是让编剧头疼的问题。

其实想写出好的脚本只需要遵循一个脚本公式,设计好五步骤，加入三要素，悉心打磨，就能写出观众喜闻乐见的脚本。

(一)脚本五步骤

1. 拟大纲

需要提前构思脚本的大纲：大致需要几个人在什么样的场景表演一个什么样的故事？故事按照什么样的形式发展？情节刺激点及剧情人物冲突是怎样的？要表达一个怎样的中心思想？

2. 定主线

主线，是一个故事的灵魂，也是我们进行短视频脚本创作的关键，不管脚本是哪种类型，主线叙述的故事都要有价值。

如爆火至国外的某大博主视频，始终以农村生活的日常展开，有时展示制作一顿饭的过程，有时利用各种果子做小甜点，甚至还有弹棉花的"日常"。看似毫无关联的"故事"却都没有脱离农村生活这条主线。

3. 场景设计

短视频制作特点在于短、平、快，要在一分钟内表达一个主题，就需要利用真实场景，增加观众的代入感。

例如，拍摄家庭日常，将拍摄场景选在公园，不仅真实，而且有公园散步聊天的代入感，一家人其乐融融，用户很轻松地就看完视频了。

4. 对时间的把控

60秒的短视频，文字控制在300字左右，不然听着会感觉疲惫，并且在15秒左右的地方设置一个反转或者爆点，能更好地留住用户。

5. 主题升华

用户喜欢且常点赞的都是对他"有用"的视频，可以是技能学习，也可以是情绪共鸣。

例如，你的"鸡汤"让他感同身受，你的"干货"让他"受益匪浅"，只需要一个"价值点"，就有可能让用户点赞评论甚至收藏。所以，你在写短视频脚本时，一定要在内容中升华主题。

（二）脚本三要素

1. 设置冲突和转折

在故事发展的过程中，如果情节是比较平淡的，用户没有惊喜，视频的数据也就不好。所以我们在脚本设计中，一方面可以设置人物、剧情等冲突，另一方面是意料之外、情理之中的转折，转折可以是内容也可以是镜头。

2. 熟练掌握不同景别及运镜方法

（1）景别：包括远景、全景、中景、近景、特写。不同景别下的人物所突出的情绪和动作不同。

（2）运镜：包括推、拉、摇、移、跟、升降摄像，前推后拉、环绕运镜等镜头运动。不同的镜头运动方式，所产生的画面效果也不一样。

3. 气氛的烘托（音效）

在视频中搭配合适的音乐、音效，烘托不同的气氛场景。比如，拍摄美女帅哥，往往选择流行和快节奏的嘻哈音乐；拍摄传统文化，则需要选择慢节奏的中国风音乐；拍摄运动视频，就要选择节奏鼓点清晰的节奏音乐；拍摄育儿和家庭剧，可以选择轻音乐、暖音乐。这里给大家推荐几个可商用的音乐网站：耳聆网、淘声、Vfine。

一个视频能成为爆款，需要"天时""地利""人和"，而其中最关键的就是脚本了。只有耐心打磨好脚本，才能在短视频的洪流中脱颖而出。

八、完播法则

视频完播率是视频数据指标的重中之重，能直接决定官方对视频内容的评分。而提高视频完播率的秘诀，就是让用户快速建立期待，对后面的内容产生好奇。抖音视频常见建立期待的方法有六种：

01 以音乐为诱因，建立期待	02 以人物魅力为诱因，建立期待
03 以视觉奇观为诱因，建立期待	04 以明确告知为诱因，建立期待
05 以身份代入为诱因，建立期待	06 以文案预告为诱因，建立期待

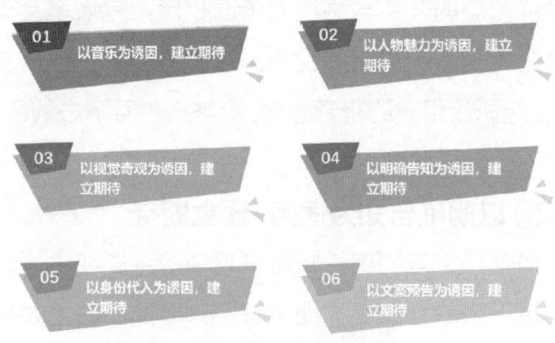

图 2-6 建立期待的六种方法

（一）以音乐为诱因，建立期待

BGM（背景音乐）是抖音的灵魂，恰到好处的 BGM 是爆款的关键要素。作为短视频内容最重要的组成元素之一，不同的音乐风格，会带给观众不同的情绪反应，从而直接建立起相应的观看期待。BGM 可以是我们日常比较喜欢的音乐，也可以是我们在刷视频时收集到的优秀素材，还有一个比较方便的是抖音的音乐素材库。把握好内容与音乐卡点节奏，视频效果深受用户期待和喜欢。

（二）以人物魅力为诱因，建立期待

在真人出镜的视频里，人物形象会直接让观众产生心理预期。对不同类型的人物，用户会建立不同的心理期待。比如大方得体的着装、淡雅简洁的妆容总是能得到大众的喜爱，高颜值、高才艺总是能吸引用户的目光，需要根据人物定位进行包装与策划。

（三）以视觉奇观为诱因，建立期待

惊奇刺激的开头与平淡的画面相比，完播率会天差地别。罕见的美景、崭新的视角、意外的场景、强反差的组合形式，能抓住用户的猎奇心理，令其产生看下去的欲望力。

（四）以明确告知为诱因，建立期待

在视频开头就明确告知用户视频的主题或主要内容，然后在接下来的视频中详细讲解。只要抛出的主题足够有趣或与用户洞察足够相关，就能触及用户的好奇心与求知欲，让用户有欲望了解详情。通常情况下可以通过设置封面、开头抛出问题和利益点等方式，直接抓住用户的好奇心理。

(五)以身份代入为诱因，建立期待

人们对与自己有关的内容总会格外关注，如果在视频开始时提到受众人群的身份标签（地域、职业、爱好等）或共同关注的话题，就能成功引起观众的兴趣。刻板印象不是一个好词，但拿刻板印象自嘲却很容易打动用户，如怕冷的北方人，没见过雪的南方人，辛苦考研上岸的银行职员……

(六)以文案预告为诱因，建立期待

能建立期待的，不止视频本身。

短视频虽然是以视频为主，但刷视频的时候，用户的眼珠会不自觉地瞄向文案。厉害的文案往往是爆款的点睛之笔。

九、复播法则

复播是指同一用户观看同一条视频的次数。复播率能间接反映出视频的质量。想提高视频的复播率需要在视频中加入巧妙的设计，让用户产生重复观看的欲望，创造重复观看的情景。常用的方法有五种：

(一)争议话题引发评论

在短视频中我们通常会遇到比较具有争议的话题,往往这时大家就会打开评论,各抒己见。由于在观看短视频打开评论时,视频是自动播放的状态;所以在评论区停留时间越长,视频自然就会反复播放。

(二)视频结尾设置悬念

我们通常看完一个视频后不会去主动思考这条视频的内容到底在阐述什么观点,带给我们什么价值,可能就是了解一个大概,然后直接划到下一个视频了。

那么,如果在视频的结尾处设置一个悬念,在文案中主动引导粉丝回味视频内容的价值、观点,这时大家会带着好奇以及求知欲主动将视频再观看一遍,以寻求答案。

(三)无解释的剧情演绎

我们往往会对看不懂、没理解的事物进行重复地观看学习,当视频把所有的事情都讲得非常清楚明白时,观众自然不会反复观看。所以若想提高视频的复播率,可以采取不加解释的纯剧情演绎形式,如果想明白其中的含义则需要反复观看或者参考评论区观众的发言。

(四)引导评论区寻找视频惊奇点

在视频发布后,可以巧用评论让观众寻找视频中的惊奇点，比如，视频中的穿帮镜头，主体画面外的亮点，于众多表演中发现最与众不同的那个人等。这些画面很多人在第一次观看视频时可能没有注意到，但是当评论区有人提出了视频中的惊奇点后，用户就会带着好奇心再次观看视频，去寻找评论区提到的画面。

（五）视频关键点快速闪过

视频中经常会插入一些辅助的素材，比如，知识类的账号，经常会给大家列举和总结一些知识技巧。那么像这种干货类的视频，大家都会想要仔细地看一看，如果关键镜头设置得很快，观众想要看清楚就必须反复地去观看，然后按下暂停键截图。

第五节

神奇"DOU+"：
用最少的钱卡最精准的推送范围

除了精心制作视频，依托自然流量外，还有一个快速获取流量的方法，那就是抖音官方推出的付费流量功能"DOU+"。

"DOU+"是基于抖音强大的算法背景下的一款视频/直播加热工具，是一种 AI 智能算法。投放"DOU+"可以通过筛选标签更精准地将视频投放给目标用户，更有效地提升视频各项数据；也可以让视频越过数据标准，进入下一个推送范围，获得更多免费流量与曝光。

现在我们来详细了解"DOU+"的使用及注意事项。

一、DOU+ 基本介绍

DOU+ 投放主要分为速推版和定向版。除了基础投放加热功能，官方还根据不同的需求推出了不同的选项，帮助账号运营者根据自己的需求实现涨粉、上热门的目的。

（一）DOU+ 基本操作

DOU+ 分为速推版和定向版。

速推版非常适合小白使用，无论是给自己的还是给别人的视频投放，只需要找到分享按钮就可以进入下单页面，结合金额考虑，设定希望多少人看见这条视频的目标，下单支付即可。速推版方便、快捷，适合想快速涨流量的账号使用。

定向版适用于想把视频推给精准用户群体的情况。

第一步，找到投放按钮。如果是给自己的视频投"DOU+"，打开抖音后，找到想推广的视频，在视频播放界面中点击右下角的"…"按钮，在最后一行找到"DOU+"，点击即可。如果是给他人的视频投"DOU+"，打开抖音后，找到想推广的视频，在视频播放界面中点击右下角的"转发"按钮，然后在最后一行向左滑到"DOU+"，点击即可。

第二步，选择投放价格。点击"DOU+"按钮后会进入订单页面，在这里选择投放的价格，100元可以获得5000播放量，200元可以获得10000播放量。

第三步，选择投放时长。"DOU+"投放时长目前支持6小时、12小时、24小时三种选项。

第四步，选择投放方式。目前主要的方式有两种：系统智能投放与自定义定向投放。系统智能投放，是系统根据你的视频内容，个性化地推荐给潜在的兴趣用户；自定义定向投放，是根据人群特征，选择"性别""年龄""地域""兴趣标签"及"达人相似粉丝投放"等对应的目标人群,进行精准定向投放。

最后,下单付费即可。

(二)企业号独有"DOU+"功能

1. 粉丝必见功能

粉丝的互动性与留存转化率远高于非粉丝,粉丝必见功能的价值在于能把视频百分比投放到粉丝手上,最大程度地增强与粉丝的联系。只有当粉丝数量超过 2000 时,才能触发这个功能。而且同一条视频每个粉丝只会看到一次。具体操作只需要在下单页面,选择"推荐给我的粉丝"即可。

2. 预约投放功能

企业号在进行"DOU+"加热时,可以选择预约投放时间功能,系统会在设置时间自动为视频开启"DOU+"视频加热功能。预约时间可选今明两天,最小间隔半小时。需要注意的是预约投放会涉及提前进行视频内容送审的问题。如果审核通过,视频会按时加热;如果到期视频还未通过审核,那只能在审核通过后才能进行加热。

(三)"DOU+"账号速推功能(新)

账号速推是针对想要快速涨粉的个人、企业用户推出的新功能,与普通涨粉不同的是,账号速推更专注于涨粉,可以让账号有看得见的涨粉效果。

账号速推需要满足三个条件:曾经下单过"DOU+"

且粉丝量 500 以上；近三个月有两条以上被判定为优质视频的作品；只能给自己的账号使用，不支持代投放。

想进行账号速推时，可以依次点击下方"我"、右上角三条杠、更多功能、"DOU+"上热门、进入个人中心选择账号速推功能，选择智能版或自定义版本。智能版只需要设定投放金额，自定义版本可以设置粉丝单价、粉丝性别和年龄。自定义版本是需要根据所需要支付单个涨粉价格。同样的价格，相对于智能版，自定义版本可能数量会有所减少，但是精准度更高。

支付完成后，系统会自动优化投放时段和目标用户群体，48 小时内完成投放。同时，下单后会出现订单详情页和投放效果页面，方便用户实时查看订单效果信息和实时状态。

（四）订单详情页

下单"DOU+"后，在订单详情页可以直观地看到实时数据，如涨粉量、浏览量等，还能实时看到投放金额消耗情况。

二、"DOU+"投放技巧

（一）选择合适的投放类型

进行"DOU+"内容加热时，需要根据不同的账号主体和目的，有针对性地选择投放方式。

视频内容受众较广或没有明确推送人群时，可选择系统智能投放。本地商家、电商商家等有明确目标人群的可以选择自定义投放，根据"产品推广""吸引到店"等不同需求选择对应选项。

如果主体有明确的行业或领域对标达人，可选择达人相似粉丝，触达精准的目标人群。该功能目前支持美食、美妆、服装、搞笑、教育等数十个垂直类目，目前最多可选 20 个相应类目的 TOP 达人。

（二）学会卡推送范围

投放者需要明确视频推送范围升级的标准及不同等级推送范围的特点。当视频进入下一级推送范围，会自动获得很多自然流量，可以用最小成本获得最大收益。

因此，在投放"DOU+"时切忌一股脑把钱全部投进去，应遵循少量多次原则，实时监控视频的各项数据指标，精准计算好进入下一级推送范围所需的流量，有针对性地购买播放量。根据视频数据的薄弱项，投放时选择对应的标签，可以将视频推送给容易产生对应互动行为的用户，继而提高视频各项互动数据。

（三）投放建议

1. 新号第一个视频，在作品通过审核后 1 小时左右开始投放，可以选择 50 元投放 6 小时，也可以选择 100 元投放 12 小时。

2. 如果视频有带货，当投放消耗到 30%～50% 时，后台查看佣金或产出，如果比消耗金额高，则可以继续投放，投放结束后汇总投产数据；如果产出比消耗高，则中止投放。这样可以节约成本，提升投放效率。

3. 如果视频没有挂购物车，前期投点赞和评论量即可。每次投放不超过 200 元，每次可投 2 小时，遵循少投多次的原则，花最少的钱获得最大的回报。

4. 单次投入的金额越多，选择的时间越长。对于 500 元以上的订单，建议投放时长选择 24 小时。

5. 实时监测投放数据及效果，如果投放后效果不好，或者单个粉丝的价格超出了预期，就要及时停止该视频的 DOU+ 投放；同理，如果视频的投放效果非常好就可以进行叠加追投，争取把视频助推进入下一个推送范围，从而获得更多的自然流量。

三、投"DOU+"注意事项

（一）"DOU+"不是万能的

"DOU+"是一款抖音作品的助推工具，注意是"助推"，只能起到锦上添花的作用，适用于内容很好、数据被"卡脖子"的情况。如果内容不行，即使用"DOU+"让视频进入下一级推送范围，也是白费功夫。我们应该将"DOU+"当做一个启动量的工具，而不是上热门的捷径。

(二)投放内容的常见违规情况

"DOU+"投放的内容需遵循国家法律和抖音相关规定。因为投放 DOU+ 的视频需要再次经过抖音的人工审核,所以会遇到搬运、违规视频投不了 DOU+ 的情况。甚至有些视频在自然流量下数据很好,一投 DOU+ 反而被人工审核发现问题,导致视频被限流或者下架,所以运营者一定要了解相关规定。常见违法违规情况如下:

违反广告法	虚假宣传、使用极限词、侵犯明星肖像权
产品违规	功效性太强的商品
字幕违规	红包、抽奖,及相关的极限词、引流词
视频质量低	画面模糊、混剪、搬运、低俗、色情

表 2-1 投放内容常见违规情况

(三)"DOU+"的时效性

"DOU+"是有时效性的,最好在视频发布不久就投放。视频发布之初,如果看到视频各项数据指标较好,可以在视频发布 1～2 个小时之后,用"DOU+"助推,让视频火,赢得更多流量。如果使用得太晚,效果会大打折扣,视频也很难进入下一级推送范围。

> 第六节

数据分析：
掌控目标用户，助力流量升级

视频数据分析是每个视频创作者或运营者必不可少的技能，没有数据支撑的运营都是伪运营。一个视频发布后，每项数据的背后都有深刻的意义，都代表着观看视频的用户对视频内容的反馈。只有深刻理解了用户的反馈，才能明白工作中的不足与未来发展的方向。

一、数据分析的指标

（一）完播率

视频的完播率可以在抖音官方的创作者服务平台进行查看，优质视频的完播率普遍在 40% 左右，完播率越高，获得推荐的可能性就越高。这是平台判断你的视频是否为优质视频的一个最重要的依据。

（二）粉赞比

粉丝数除以点赞总数，数值越大越好，0.1 是普通账号的数据，达到0.3说明所发布的视频还不错，超过0.4说明该视频内容吸粉能力很强。

(三)赞播比

每期视频的点赞数除以播放总数，低于0.03被称为劣质视频，这样的视频被推荐的几率非常小；数值大于0.2，说明这期视频质量较高。

(四)赞评比

每期视频的评论数除以点赞数，数值小于0.1说明视频成为爆款的几率比较小，优质视频的赞评比基本在0.1～0.5之间。

(五)转赞比

转发数除以点赞数，数值越高越好，一般而言视频的转发量都要高于评论数，高转发是爆款视频的重要组件。

二、数据分析常用平台

(一)创作者服务平台

创作者服务平台是抖音官方数据分析平台，账号发布视频后，就可以在创作者服务平台看到视频的各项数据情况。

除了能看到视频实时数据情况外，还可以在平台的创作者学院板块，学习短视频的基础知识和平台规则。

(二)飞瓜数据

飞瓜数据的功能很齐全,很适合做单个抖音号的数据管理。在飞瓜数据可以查看抖音账号的日常运营情况,也可以对单个视频进行数据追踪,了解分享、传播的情况。除此之外,飞瓜数据还能搜集到当下的热门视频、音乐、博主等,还能查到热门带货情况。

对运营者而言,飞瓜数据可以很好地帮助你进行数据分析,实时了解视频热度变化、浏览量等相关数据。

(三)抖查查

抖查查比较好用的功能主要有两个:一个是飙升榜,可以看到当下最新、最火爆的视频,有助于及时进行对标与跟热点;另一个则是它自带的脚本库,可以在上面寻找创作灵感。

(四)蝉妈妈

蝉妈妈相较于其他平台,更加偏向于电商版块,主打的几大功能也都为电商而生。在短视频带货、直播带货的时候,可以让运营者直观地观看实时数据,以便及时调整运营策略。

第七节

升级玩法：
拿下高阶玩家的入场券

在熟悉了短视频运营的常规操作后，要想进阶获得更好的运营效果，需要对用户心理有更深的洞察，并在视频创作与运营中充分融合进去，创作出更加直击心灵的内容。这要求对视频内容精心设计，开头建立用户期待，主体内容融入爆点、共鸣点，结尾设计发人深省或意犹未尽的情节等。

一、开局暴击，建立期待

目前主流的短视频平台采用的都是瀑布流+沉浸式的展现方式，对于用户而言，通过不断下滑的操作，页面会自动刷新内容。这就杜绝了其他干扰，让用户更好地专注于当前视频。

同时这种展现方式也意味着如果视频开头不够吸引人，用户会马上划走。可以说观众留给我们的时间只有3秒左右，甚至更短。如何在3秒内抓住观众？这就需要用到建立用户期待手段。

(一) 视觉冲击，引发期待

开篇利用震撼的视觉效果冲击用户，以引发用户期待。可以在视频开头就放上奇异事件、罕见景色、帅哥美女或有强烈反差感的组合，让用户在第一时间产生好奇感、新奇感，想要继续看下去。

(二) 听觉冲击，链接爆款

音乐很重要，使用热门背景音乐更重要。爆款音乐自带流量，使用当下爆款音乐，会让该音乐的爱好者有机会刷到你的视频。同时爆款音乐往往具有"耳虫效应"，熟悉的音乐片段会像一只虫萦绕于脑海之中，挥之不去，继而会形成独特的神经回路。当他下一次刷到这些耳虫音乐时，会出现条件反射，进而激发出相关的情绪，促使他对内容形成特定的期待。

平台每隔一段时间就会出现新的热门音乐，伴随音乐的是热门梗。听到视频开头的音乐响起，用户就会知道这个短视频的大概风格是什么，从而提前建立了视频的期待。

(三) 文案预告，简单直接

如果觉得视觉、听觉吸引眼球的方法操作太难，那可以直接在开头用黑屏+文字的方式。如开屏展示用提炼的视频内容或核心观点；或者直接抛出主题，打开用户的好奇心和求知欲。

常见爆款文案有：

1. 引发争议性

这条视频可能会得罪……；

这条视频可能会得罪很多商家同行；

我把……怎么样了；

我把深圳两千万的房子给卖了。

2. 引发窥探欲

……是种什么样的体验；

一辈子不结婚是种什么样的体验；

我有一个朋友，他……；

我有一个朋友，他花光所有积蓄开了一间酒吧。

3. 引发求知欲

……和……到底有什么区别；

在北京和老家买房到底有什么区别；

……的方法分享；

不花钱就能全身美白的方法分享。

4. 引发同理心

你有没有过……的体验；

你有过一个人走夜路的体验吗；

如果……你会怎么办；

如果你的闺蜜是这种人，你会怎么办。

二、持续引爆兴趣，是影响数据的核心

视频开头的 3 秒吸引住用户以后，接下来的视频主体部分将决定用户是否会看完视频，也会影响到完播率之外的数据。因此这就要求视频主体内容部分要融入充分劲的兴趣点，以持续引爆用户的兴趣。一个视频最好设置 3 个左右的爆点，这样能更好地引导用户互动，增加爆款可能性。

（一）常见的 6 个兴趣点

视频的完播率是最重要的指标之一，因而如何让用户坚持把视频看完，也就变得至关重要。常见的吸引用户的兴趣点有以下 6 个：

笑点：短视频平台最初的定位就是娱乐社交平台，大部分人都是想利用碎片化时间，来找个"乐"。当你的视频能够抓住观众的笑点，让观众觉得能从视频里获取快乐，用户自然能坚持看完你的视频。

泪点：人们对于痛苦的记忆往往更加深刻，能触发观众泪点的视频一般数据都不会太差。泪点这个元素很好理解，但是在短视频中用起来却很难，有泪点的短视频并不是一味地卖惨，而是需要引发观众共情。

槽点：在创作剧本的时候要设计一些地方能够让观众参与进来，比如，提问、反问、冲突、转折等。合理设置槽点能让看视频的人有开口欲，最好能够在评论里面吐槽、

讨论起来，这样视频的热度自然会上去。

痛点：痛点是很多带货种草视频能否让用户下单的一个重要因素，有效的痛点是要用视频激发用户那些尚未被满足而又被广泛渴望的需求。

亮点：视频让人眼前一亮，满足用户的猎奇心理。可以是画面上的亮点，也可以是内容中的亮点。比如，观众没看过、没听过、没吃过、没用过的东西，你抛个头，观众就想看到尾。

价值点：创作剧本的时候思考你的视频能够给用户带来什么样的价值。是教会具体的知识；还是分享好看的风景让人心情愉悦；抑或是心灵鸡汤，能使用户情绪得到共鸣？

（二）合理设置 3 个爆点

在抖音，一个视频能否成为爆款的关键是互动率的数值：

[（点赞数 + 评论数 + 转发数）÷ 观看人数]× 完播率（看完人数 ÷ 观看人数）

互动率的值越大，视频越容易进入下一个推送范围，视频也就会越来越火。而互动率权重最大的是评论，足够大的信息密度给了用户足够多的评论点，这样视频爆火的概率就会更大。

三、巧妙结尾，引人深思

好的结尾能让用户意犹未尽，能很好地提升视频的评论与复播率。如果不精心设计，会有狗尾续貂之嫌，甚至让原本有点赞关注想法的用户产生反感。

好的结尾主要有三种类型：

（一）互动式结尾

在视频结束时和用户互动，比如，问用户有没有类似的经历。讲关于前任的爱情故事，结尾的时候可以问一下，你有没有一个念念不忘的前任？以此来引起用户的倾诉欲，后来发现评论区里有好多前任的故事。

（二）共鸣式结尾

在视频结尾处放一句特别容易让人产生共鸣的话，以吸引用户转发。

有一个超 2 亿播放量的视频，讲一个毕业以后邀请同学参加婚礼的故事，同学因为事情多没准备去，但后来想起了种种往事，就去了。视频结尾处是这么一句话："多少友情都被时间打败，但是我们没有。"

当时正值毕业季，视频发布后引发了大家对友情的回忆。视频被推到 2 亿多次播放，获得了 650 万赞，很多朋友都在留言区里讲述了自己的故事。

(三)反转式结尾

通过设计讲述、表情、动作等,在视频结尾部分强行反转而赢得更多的关注。比如,视频标题为"不要以片面评判一个人,耳听为虚,眼见不一定为实",视频的前面塑造了一个特别讨厌的主人公形象,拿东西不给钱,插队,把别人的手机摔坏;结尾反转:"拿东西不给钱"是拿一个棒棒糖当租金,"插队"是因为有小偷,"把别人的手机摔坏"是为了给别人生活费。最后用一个非常灿烂的笑容完成了剧情的反转。

反转式结尾多为制造反差,给人留下反差后的惊喜或笑料。

第八节

商业变现：
玩转抖音的终极目的

短视频的兴起，掀起了内容创造的狂潮。但玩转抖音最终的目的还是完成商业变现。在抖音，变现的方式多种多样，每个人根据实际情况，考虑最适合自己的一种或几种变现方式。

一、广告变现

抖音达人使用最多的一种变现方式就是广告变现。如果达人积累了一定的粉丝，但还没想好卖什么产品，接广告来变现是最合适的。目前，抖音已上线对接广告资源合作的星图平台，主要接广告的方式有广告公司派单、广告主主动找到达人、达人主动寻找广告主和签约MCN（多频道网络）机构等。不过接广告做视频时，一定要考虑到视频的呈现效果，不然会对抖音达人和品牌造成负面影响。

二、短视频变现

抖音的模式是用户喜欢什么，就推送什么视频。因此短视频带货就成了一种很便捷的变现方式。抖音可以把带货视频呈现在目标用户的面前，目前主要有商品橱窗和抖音小店两种形式。

商品橱窗：当粉丝数量达到1000且发布10条以上视频，账号就可以开通了。粉丝可以通过带货视频或者从主页进入橱窗进行购买行为。

抖音小店：如果是企业或者个体工商户资质，满足抖音小店开通要求，可以申请开通抖音小店，拍摄创意"带货"视频，来为店铺产品带动销量。

三、私域变现

私域变现主要有线上精准流量变现和线下精准流量变现两种：

线上精准流量变现，简单地说就是在线上就完成变现。购买的基础是信任，我们通过在私域里反复触达用户，给粉丝输出价值，达到成交目的。目前线上变现除了抖音私域本身，还可以与微信私域打通，小店、有赞商场、小程序等变现渠道更便捷。

线下精准流量变现，就是需要用户到线下才能完成变现。有些行业的产品是在线下交付的，比如理疗，我们可以通过在线上对用户进行咨询服务，甚至完成销售，到线下消费与核销。

四、IP 衍生变现

互联网催生了很多新的 IP，同时衍生出了 IP 的附加值，他们可以通过 IP 衍生进行变现：策划自己的品牌产品；接广告、品牌代言；出圈，进军影视娱乐圈等。

五、知识付费变现

知识付费，就是通过持续输出知识积累粉丝，粉丝为知识买单的变现方式。知识付费的产品，可以是有形的书籍、工具，也可以是无形的课程或服务。知识付费，对于粉丝质量的要求要大于数量。

六、直播间打赏变现

直播间打赏变现是指在抖音平台直播，通过收取礼物赚取音浪（一种抖音虚拟货币）跟平台分成。随着直播间商业变现的普及，打赏变现主要集中在达人 PK、知识博主连麦互动，很适合前期投入小、想快速变现的主播。

如果选择签署公会，还可以直接开通直播特权，不用在视频上面花费太多的精力。公司会给其流量扶持、

DOU+ 扶持、推送热门等支持。

七、直播带货变现

2022 年，已然是人人直播、人人带货了。如果是品牌自播，主播带的产品是品牌自身的产品；如果是达人直播，就是根据粉丝画面来选择了。通常，产品客单价越高，对于主播的要求也越高。

八、全民任务

通过完成抖音官方发布的全民任务来获取收益。
具体操作有两种方式：
方式一：搜索"全民任务小助手"；在抖音号主页点击"官方网站"，就可以进入任务列表。
方式二：点击抖音下方导航栏中的"我"进入个人中心；点击右上角的"三条杠"打开功能和服务页面；点击进入"创作者服务中心"；找到"任务中心"点击查看更多，就进入了任务列表。

九、小程序变现

小程序变现的门槛比较低，需要在发布短视频时将小程序链接植入短视频中；只要有粉丝通过链接进入到小程序并进行消费，就会获得相应的推广佣金。

十、平台签约

平台签约有两种类型：一种是官方平台签约，另一种是 MCN（多渠道网络）签约。

官方平台签约：每个平台都会吸引和签约优秀的创作者，同时对他们的综合能力和专业能力要求较高，除了在流量、分成上有政策，还给官方的认证标识。

MCN 签约：除了跟平台签约，创作者也可以跟一些专业的 MCN 机构签约，他们在内容创作、运营、拍摄等方面会给予创作者很多支持和指导，产品变现方面也不用操心。但是 MCN 机构水平的参差不齐，创作者要谨慎选择。

第三章

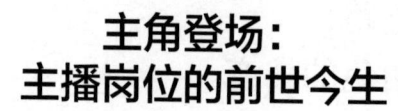

主角登场：主播岗位的前世今生

近年来，国家相继推出了直播电商行业的相关规定，规范化的市场规则逐渐形成，与此同时也为大众带来了更多的从业与就业机会。2020年7月6日，人社部联合国家市场监管总局、国家统计局向社会发布了"互联网营销师"这一新增职业，在这一职业下增设的"直播销售员"就是我们所熟知的带货主播。至此，带货主播拥有了"官方认证"，被纳入到正式的职业体系；而与此同时，带货主播的专业技能和职业素养也即将面临着巨大的挑战。

第一节

主播蜕变之路：
网络主播角色的转变

如今我们提起网络主播，首先会想到的一定是"口红一哥""淘宝一姐"这类的带货主播，是人人都想入局进行带货赚钱的热门职业。而倒退几年，"主播"这一词往往会跟"美女""擦边球""低俗"等词语联系起来，是很多人一味追捧或唾弃鄙视的话题中心。那么仅仅几年的时间，网络主播是如何蜕变的呢？

一、我国网络主播的起源

我国的直播行业最早起源于 2003 年，当时的直播主要是为了满足游戏玩家们的语音连麦而出现的，并不是十分专业的直播平台。后期随着人们对于娱乐属性的需求开始变多，逐渐出现了一些以娱乐、游戏为主的专业直播平台，像六间房、YY、虎牙、斗鱼、映客、一直播等。专业平台的出现孕育了大批量的平台主播。起初这些主播也全部都是以娱乐为主，在直播间中进行聊天、唱歌、玩游戏等娱乐项目。

二、主播的发展历程

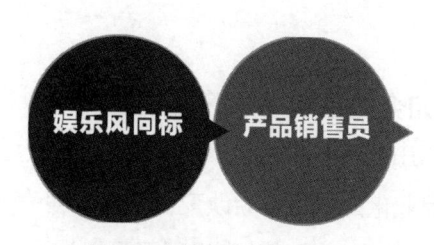

图 3-1 主播的发展历程

（一）曾经的主播——娱乐风向标

早期的主播是娱乐化的产物，从直播内容上来看，他们主要以聊天、展示个人才艺为主，向观众输出展示个人魅力，从而获取粉丝们的喜爱。早期的直播间，主要有体育直播、游戏直播、秀场直播和娱乐直播。体育直播，主要的内容是篮球、足球、职业联赛、运动会等，主播以观众的角度进行比赛解读，把他们对于比赛的认知和相关的知识传递给观众，主播的角色是"体育记者"；游戏直播，就是时下较为流行的游戏对战或者比赛，通过平台直播或玩家直播的形式呈现出来，主播的角色是"职业玩家"；秀场直播，是在直播间里表演才艺，展示特长，主播的角色是"才艺达人"；而娱乐直播，通常以聊天、连麦、PK等形式呈现，还有一些是带观众去看吃喝玩乐，主播的角色是"时尚博主"。所以我们发现，早期的直播，主要以娱乐为主，主播多是行业的意见领袖，或者有特殊的才能；但由于行业规范性不够，也有一些低俗、不合法的直播，游离在平台规则的边缘。整体而言，曾经的主播是娱乐风向标。

(二) 如今的主播 ——产品销售员

随着 2016 年淘宝直播上线，主播开始从泛娱乐的单一形式朝着商业化的道路不断改变，同年 4 月有 50 万人在淘宝观看 KOL 拍卖活动，首次出现了可以边看边买的直播形式，到了 2017 年淘宝带货主播已超过 1 万人，单日直播超过 8000 场。在 2020 年疫情防控期间，短视频直播带货更是掀起了一阵浪潮，主播彻底成为产品的销售员、品牌的推广者，他们在直播间使用精心打磨过的话术，最大可能地展现出每一个产品的卖点，并在团队人员的配合下竭尽全力提高直播间的销售额。也是从这时开始，众多的明星、品牌商家、企业老板等都也开始加入直播电商，成为直播间的带货主播。这种现象的产生也是基于短视频平台和直播电商不断发展的必然趋势，人们也在这样的大环境中逐渐改变自己的消费行为，开始在直播间购买商品，使得直播电商发展得如火如荼。

即使如今主播众多，竞争激烈；但也总会有佼佼者出现，淘宝、抖音、快手平台都有属于自己的 TOP 级主播。他们除了为品牌、为商家进行推广，近两年还利用直播间，帮助农民解决农产品滞销问题，提高农产品的销量。

所以根据现如今的主播发展趋势,对于主播这一行业,我们理应重新去认识。

随着政策、技术、专业人才的涌入,以及行业走向成熟,平台监管趋严,主播已经从娱乐化走向了商业化,那些想钻平台空子、缺乏主播基本素养的主播慢慢会消失,主播的门槛逐渐会提升。而随着"直播销售员"这一岗位正式提出,主播成了一个标准化的职业,主播慢慢演变成产品销售员、知识传播者。

各行业的专业人才主播,像教育、医学、法律、运动、经济等。他们在直播中向大家普及与自己领域相关的专业知识和技能,这不仅极大满足了人们日益增长的各类文化需求,同时也让许多传统行业获得了新的发展空间。

第二节

何为带货主播：
用户与产品之间的桥梁

5G 时代的来临以及新冠病毒疫情猝不及防地袭来，使得"宅经济"迎来了春天，在此期间直播电商行业异军突起。而一个行业的兴起，往往催生出一些新的职业。带货主播便是这一行业的主要产物。

一、娱乐主播与带货主播的区别

直播行业的发展，造就了一个又一个财富神话，因而越来越多的年轻人想要进入直播领域从事主播职业。然而很多人并没有明白直播的本质是什么，什么类型的主播道路更适合自己。从现在各平台直播间的发展形势来看，主播主要分为娱乐主播和带货主播。两者虽然都是主播，但性质完全不同。

（一）目标受众不同

娱乐主播的本质是娱乐，以秀场、泛娱乐内容为主，他为用户带来的是精神上的愉悦。当用户进入一个娱乐主播或者才艺主播的直播间,他的目的就是寻求放松和娱乐,同时用户也会因为喜爱一个主播进入直播间。而带货主播的本质是一个直接售卖商品的销售人员,直播只是一种销售手段和渠道。用户进入带货主播的直播间就是奔着购物消费的目的而来。这里的用户更像是走进商场的消费者,目标很明确。

(二)直播目的不同

娱乐主播进行直播大多是为了满足自己成为网红的梦想,在直播间中展示个人才艺、连麦 PK,不断彰显自己的个人魅力,享受那种被众人簇拥的感觉。而带货主播是一种商业行为,通过直播实现低成本的流量变现的同时,要为直播间带来尽可能高的 GMV 转化率。

(三)入门难易程度不同

娱乐主播和带货主播的直播目的不同,因此娱乐主播和带货主播入门难易程度也不一样。对于娱乐主播来讲,入门要求往往相对较低,只需要主播具备一定的才艺或较强的沟通表达能力,就可以积累一批喜爱他的粉丝用户;一些颜值主播甚至不需要有什么才艺也可以收获一批"颜粉"。而带货主播的入门难度则比较高,带货主播可能不需要出众的颜值和才艺,但是需要具备很强的个人综合能力,主要表现在较强的销售能力、专业的产品能力、与直播间观众的互动能力以及控场能力等，而这些高标准的个人能力都需要一系列专业培养和训练才能达到。这也是直播电商发展早期，很多娱乐直播公司想要转型带货直播，但最终效果并不理想的主要原因，究其根本就是娱乐主播和带货主播天然定位和能力的差异。

（四）收入模式不同

娱乐主播的收入构成以用户付费打赏为主。直播打赏就是指用户通过购买直播平台设置的虚拟货币或礼品，打赏给自己喜欢的主播，为快乐买单。打赏的收入则由主播、平台、公会或经纪公司多方分成。而带货主播的收入模式则要复杂得多，一般来讲，头部 IP 达人带货主播的收入包含商品佣金、坑位费，这种类型的主播收入较高。另外，还有全职或兼职的店铺主播，依靠自己专业能力，赚取工资收入。无论是达人主播还是全职店铺主播，他们的收入都直接与带货专业能力和主播背后团队的供应链、商务运作能力挂钩，属于商业体系中的一环。

综合以上四点，我们会发现娱乐主播和带货主播是存在很多差异的，但这两种主播类型之间并不存在高低贵贱之分。随着各平台以及网络直播的逐步发展，直播间已经越来越规范并具有详细的直播流程标准和违规处罚机制。无论是哪种主播都要遵循直播规则，在道德和法律允许的范围内进行直播。因此，大家可以根据自己所擅长的内容以及最终想要达到的目的，选择适合自己的主播类型。

二、带货主播的定义及岗位职责

1. 参与选品并挖掘产品卖点
2. 产品讲解与销售
3. 直播间粉丝互动答疑
4. 参与直播复盘、总结经验

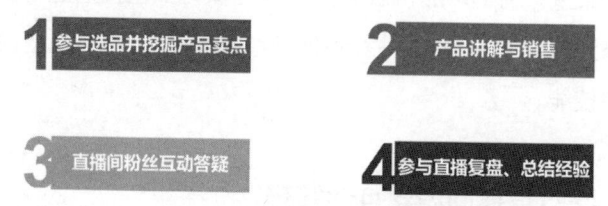

图 3-2 带货主播的岗位职责

在一个带货直播团队中,主播是最为核心的岗位之一。其岗位定义是:以商品为核心,利用直播的艺术手法,进行商品的内容阐述与详细生动地宣传推销;同时在直播中与用户互动并最终影响用户购物决策的角色。

由带货主播岗位定义可以总结出带货主播岗位的职责包含:

(一)参与选品并挖掘产品卖点

主播在直播筹备阶段的选品环节参与度非常重要。主播作为直播带货的核心人员,对直播间定位、消费群体画像最为了解,因此其选品参与意见也非常具备可参考性。另外,主播对选品过程的参与有助于提高主播对产品的品质把控,从而使其更加详细地了解产品特性,以及更加准确地挖掘和总结产品卖点。

(二)产品讲解与销售

产品讲解与销售是主播岗位最主要、最核心的工作职责。在直播开播前，主播应提前与策划人员一同进行直播脚本策划，制定产品讲解方式与销售策略。在直播过程中，主播还应掌握从话题引入到促单、逼单等一系列销售流程把控技能。

(三)直播间粉丝互动答疑

带货主播不仅是一个销售员的角色，同样也是一个直播间的运营者；需要在直播过程中时刻兼顾粉丝互动与问题解答工作，以及根据直播间实时数据变化引导用户主动参与互动，从而保持直播间的在线人数和活跃度。

(四)参与直播复盘并总结经验

每一场直播结束后的复盘工作对于后续直播的策略和技能提升极为重要；带货主播要通过直播回放与阶段性数据对照，有针对性地调整主播话术、讲解方式、促单技巧等，从而不断总结并优化直播经验。

带货主播在整个直播团队中的核心地位要求其要积极履行自己的职责，不断学习，提高个人的综合能力，爱惜自己的羽毛，拒绝虚假宣传，把关商品品质，对消费者负责，对自身形象负责。

三、主播、用户、平台之间的关系

主播的工作内容可谓贯穿了直播工作的全链条。在直播团队内部，主播要和策划、运营、场控等各部门进行衔接沟通；团队外部，主播与直播平台、消费者之间也有着非常强的循环链接关系。

（一）主播与平台

主播每一次发布短视频、开播，都在为平台持续提供内容供给，扩充平台内容体量，提高平台用户承载能力；同时主播又可以通过平台承接带货、广告业务，与平台分佣金提成。

（二）主播与用户

主播与用户之间也是最为密切的相辅相成的关系。主播通过直播间输出直播内容，打造自己的个人魅力，并与粉丝进行互动，从而维护住自己的直播间粉丝；而粉丝用户也在直播间与主播及其他粉丝用户的互动中获得社交满足，从而为主播直播间贡献大量UGC（用户原创内容）内容，进一步增加主播人气。

（三）用户与平台

用户与平台之间也存在着直接和间接的联系。平台通过兴趣算法向用户推荐视频和直播内容，以实现各种商业投放的落地；而用户在观看中贡献流量的同时也能够买到心仪的商品。

因此说，主播、用户、平台三者之间是直播电商中最为核心的三角关系架构。而三者间的相辅相成共同支撑起了庞大的直播电商产业链。

第三节

如何脱颖而出：
超级主播人设的打造

带货主播的本质，是销售；而销售的本质，销的是信任，售的是产品。这就很容易解释，为什么网红、明星、名人的直播间人气高，经常创造直播新记录了。因为他们已经建立了人设 IP，粉丝足够信任他们，不管这个主播推荐什么产品，粉丝都愿意买单。尤其是在直播间里，粉丝在这么短的时间内能否完成购买决策，就看主播是否赢得粉丝的信任。

一、主播人设的重要性

一个成功的故事一定要有一个成功的角色，不管是成功的短视频账号，还是一场成功的直播，都需要一个具有鲜明特点的 IP 人设。然而账号主体的人设和直播中主播的人设还不太一样。

账号人设需要产出优质的短视频内容，在抖音平台集聚粉丝，并且具备卖货直播达人的业务能力。由此可见，抖音目前有大部分达人是没法直播的。因为短视频可以依靠团队包装和策划，主播只要能表演出来就行；但是直播还考验主播的控场、应变等能力，对主播的能力要求完全不同。

随着直播电商的进一步发展，很多达人需要转型，为了弥补自身在产品和供应链等方面的短板，通常他们会跟品牌商合作，进行品牌自播或者代播，他们的角色也从网红主播转变成掌握镜头语言的导购。所谓的人设不是虚拟出来的，直播中更没有办法虚拟人设。因为你了解、喜欢和擅长的内容很难在短时间内做出改变，除非经过专业培养和训练。

因此，本节内容将重点讲一讲直播中主播的人设如何打造，一个成功的人设究竟能给主播以及直播间带来什么：

（一）成功的人设能让你脱颖而出

据统计，抖音平台每天同时开播的企业数超过 30 万，个人开播数更是不计其数，粉丝在这么多的直播间点击、进入、停留，需要主播有很强的记忆点。而成功的人设，可以让你在众多的直播间中脱颖而出。

（二）成功的人设能够让你精准吸粉

抖音拥有千人千面的强大算法。不同的人设对应着不同的受众粉丝人群，粉丝从兴趣到购买甚至复购，主播扎实的人设是其中的基础和催化剂。

例如，前锤子科技 CEO、如今的抖音一哥。他做过教师、办过网站、成立过手机品牌，被称为中文互联网上第一代精神偶像，目前成为某短视频平台签约主播。2020年4月1日，他首次直播，所面对的200多万观众中绝大多数人都是冲着他的人设标签去直播间听"相声"的。

手机品牌创始人、直播还债、资深吃货等一些人设标签，给他带来了首播3个小时，累积观看人数4800万，销售额超1.7亿元，订单量超90万件的数据。我们通过其首次直播选品和销售数据不难看出，在他身上的那些人设IP，才是他最终成功的关键。

13款热销商品，都有着强烈的3C数码属性，其他的休闲食品类商品也对应了他资深吃货的人物标签。销售额第一名的智能投影仪，销售额高达1500多万元。销售量第一名的麻辣小龙虾，销售量将近1800万份。

精准粉丝 ＋ 关系升级 ＝ 销量增长

图 3-3 销量增长公式

（三）加强与粉丝的情感链接

成功的人设能够在直播中更好地满足观众的心理需求，有助于建立主播与观众之间的信任。

每个人在社会上都有着不同的需求，有生理需求、心理需求和社交需求等，但是与人交往上首要的一定是信任

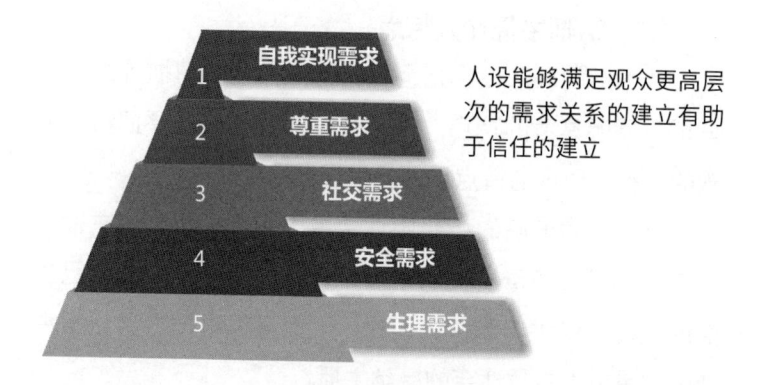

```
┌─────────────────────┐
│ 1  自我实现需求      │     人设能够满足观众更高层
├─────────────────────┤     次的需求关系的建立有助
│ 2  尊重需求          │     于信任的建立
├─────────────────────┤
│ 3  社交需求          │
├─────────────────────┤
│ 4  安全需求          │
├─────────────────────┤
│ 5  生理需求          │
└─────────────────────┘
```

图 3-4 马斯洛需求层次理论

需求。好的主播人设，能够给观众一种信任需求。

道理跟我们线下实体店是一样的。一家店你经常去，跟老板熟悉了，建立了情感链接，你自然会成为他的回头客，有时候可能都不为货，只为人。而直播电商也是一样，如果你没有人设，你就是一个没有感情的卖货机器。那有了人设，让观众认识你，记住你，熟悉你，信任你，产生了情感链接后，再做生意就没那么难了。

二、主播如何定人设

（一）确定好直播的行业或者领域

很多时候，某一个行业也是可以具体细分的，比如服装就可以分细为男装、女装、萝莉风、潮流穿搭等细分领域。能够精准划分出你的受众群体，也就是你的潜在粉丝。

(二)明晰主播个人特点

从主播的外形、性格、行为特点、语言习惯等维度去分析主播所具备的特点，并且在直播过程中，要把粉丝喜欢的、有差异化的特点放大且呈现出来。

比如，颜值高的小姐姐适合做服装、美妆类的主播；成熟少妇适合做母婴类的主播；大叔可以分享一下自己生活的经验，讲讲鸡汤文。因此，大家可以根据自己日常生活中的角色去定位适合的品类主播。

看完外貌再看性格，性格方面有些人是乐观开朗，有些人是严肃冷静，有些人是文静优雅。假设我们一一对号入座，乐观开朗型的主播适合卖地摊百货，他就跟街头卖锅碗瓢盆的大妈一样，热情地招呼吆喝；严肃冷静型的主播更适合卖养生补品，他就跟医院的专家一样，望闻问切，专业到位；文静优雅型的主播可能会适合卖茶叶，想象一下，一个文静典雅的主播，坐在一个古色古香的直播间，端起她手中的青瓷杯，说着"里面既是香茗，也是人生"的话语，这样的直播间是不是吸引力十足。

最后是行为特点，这个也是由性格或者内在能力衍生出来的。比如，有些主播喜欢说段子，而且说得眉飞色舞，表情和肢体动作都比较丰富；而有些则擅长举例子、摆事实、讲道理等，这些都是人设中比较突出的闪光点。如果我们发现自己有这方面的闪光点，应该着重去表现出来，直播久了，你也就能够拥有自己的金句名言。

有了人物的基本设定之后，尽可能地把人物表现出来，无论是带什么品类的产品,人物设定始终是不变的。

主播	外貌	性格	行为特点
A	颜值型	高冷严肃	金句迭出
B	亲民型	风趣幽默	表情丰富
C	生活型	热情真诚	手势多样

表 3-1 主播的行为特点

(三)从自身出发,确定核心价值

我们要非常清晰地了解到自己能够给观众什么,如何留住直播间的观众甚至将其转化为粉丝,我们能为他们提供什么,有什么价值。

例如,主播作为护肤达人,你的价值就是帮助粉丝解决肌肤问题,提升肤质。内容输出以护肤为主,针对护肤设置了各种形式的内容,如采用 PPT 专业讲解、各种不同品牌护肤品效果的测试,以及将粉丝发来关于脸部问题的照片推流到直播间,然后进行分析等,继而引发粉丝对主播护肤专业性的认同。

(四)创新定位

1. 强化记忆点

主播必须要有自己的闪光点或特点,才能让观众记住你。人设形象还需要反复塑造,以加深印象。例如,有些女装直播间会找男主播来穿上女装,用浮夸、吸睛的着装打扮突出展示效果。

另外,还可以通过增加道具强化记忆。例如,知识类内容的口播形式相对比较枯燥,而某主播就在拍摄短视频及直播的时候拿着两把刷子去讲解内容。这一举动不但增加了记忆点,而且告诉了观众,他所分享的内容都是干货,都是有用的,自己是"有两把刷子的"。

再有,也可以直播时输出一些洗脑式的口头禅。例如,"口红一哥"也可以说"所有的女生""你的魔鬼又来咯"和"买它买它"。

2. 独一无二的标签

利用多个不同兴趣之间的作用,形成自己独一无二的标签。可以简单分为互补型标签和反差型标签。

互补型标签。比如,你爱好美食与旅行,在旅行的过程中,品尝种类各异、富有地域风情的美食也是很重要的部分;相应的,很多热爱美食的饕客也会为了地道的食物而远赴他乡,因为对美食与旅行的喜欢是可以互相促进的。

反差型标签,简单而言就是现在很流行的"反差萌"。比如,大师级的美妆达人,你很难想象她还能写一手好代码;或者骨灰级电竞玩家,却出人意料地擅长吟诗作对。

如果说互补型作用的爱好之间可以互相促进,共同发展;那么反差型作用的兴趣最大的好处则是带来惊喜。看似八竿子打不着的兴趣爱好叠加在同一个人身上,会带来神秘感,同时也能营造出更为丰满、立体的个人形象。

当然,这些反差不仅出现在兴趣与兴趣之间,也存在于兴趣与个人特质的其他部分之间，例如，兴趣与性格特点、教育背景、职业背景的反差。

这方面的例子也非常多。例如，并未接受过任何正规教育的人，却爱好建造飞机并且能够完成；平时不苟言笑的工程师，却是喊麦高手；社交平台里的段子王，却精通花艺与茶道。种种的类似反差会令一个人的个人特质更加突出，令一个人更加独一无二。

（五）维护个人人设并且强化其标签

1. 杜绝人设翻车

我们经常会听到这个网红翻车了，那个网红又大批脱粉了。人设之所以会崩塌，不仅是因为这个人做了什么事。事件只是诱因，而更底层的原因是粉丝信任的崩塌。做人设的终极目标是让别人喜欢你这个人，从而增加对你的信任度。

真诚和真实才是确保人设不崩塌的基本保障。因此在设立人设的时候，一定要把自己做成一个立体的、有优点也有缺点的、活灵活现的、有血有肉的角色。

记住千万不要过于虚伪，这是大忌。抖音是个放大镜，会放大你的优点，也会放大你的缺点。靠不真实做起来的人设，翻车是早晚的事情。

2. 全方位（360°）深入打造

如何强化你建立的个性化标签呢？可以从你的行业背景或从业经历出发，因为人设最主要的是真实，虚构的人设是站不住脚的。而真实经历或行业背景可以让主播具有号召力与公信力，能给标签进行背书。

例如，旅游博主、导游肯定比普通人懂得挑选旅游线路的方法，旅游过程中怎么游玩最合适。当然，个性化的标签需要生动且贴近观众，例如"记忆大师""考研名师""减肥达人"等，都是属于强化人设的背景。

三、常见的带货主播人设

（一）店长 BOSS 类

在当今这个社交媒体时代，用户越来越倾向于和品牌直接对话，表达自己的喜爱和愤怒。老板企业家是品牌人格化的最好载体。这种人设的最大价值就是提升用户的信任感，让用户感觉有途径直接和老板对话，需求和问题都可以快速得到解决。BOSS、店长类人设最核心的要点就是营造一种平等感。在日常生活中，粉丝是很难接触到某品牌的老板的；而在直播间，还能与老板互动，让老板满足自己的需求，信任感完全不一样。

要想打造店长、BOSS 类人设，主播在直播间必须是非常具有话语权的，用户的问题可以直接解决，包括免单、降价等优惠福利可以直接给到用户，而不用申请。打造这种人设，需要把握好分寸，既有老板的权威，又不是没有底线。

（二）技能专家

大众的消费，已经慢慢从生存型向享受型消费转变，越来越多的商品开始具备意见领袖驱动属性，需要育婴师、睡眠体验师、健身达人来帮助用户进行决策消费。

技能专家类人设最核心的就是产品背书和用户赋能。专家身份让产品更可信，专业技能让用户更受益。比如，售卖蜂蜜等保健类食品，营养师主播可以详细介绍产品的营养成分和保健效果；售卖面膜等护肤类商品，美容师主播可以传授用户护肤技巧。

这种人设的最大好处就是打消用户的消费顾虑。尤其对于高客单价商品、专业类商品、食品类商品，专家角色天然具有引领性。以某卖书的官方旗舰店为例，每次店铺直播都会请到书籍的作者或者相关领域的专家，在直播中分享一些专业知识，既是对售卖书籍的背书和介绍，又是对用户的赋能，让用户能更加了解书籍。

要想打造技能专家类人设，主播本身必须具备硬干货、真实力。商家一方面可以直接聘请具备相关资质证书的行业专家，另一方面也可以通过主播持续的专业知识分享来打造专家形象。

不过这种人设也有一定的局限，就是投入成本比较高，不是随便可以打造成功的。同时专家类主播往往局限于某一领域，很难跨界带货。

(三)网红达人

对于部分用户来说,消费不仅仅是为了满足物质需求,还有精神需求。消费本身代表了用户对美好生活的期待和向往,买什么东西意味着自己是什么样的人。

网红达人类人设最核心的就是成为用户的理想化身,进而与商品相关联,让商品成为用户理想的载体。比如,买一件裙子,除了单纯好看,还代表了买裙子的女生是什么样的人;购买健身产品,意味着消费的人生活更健康,更加严格自律。

这种人设的最大价值就是和用户产生情感共鸣,增加产品溢价,形成品牌"护城河",降低用户对价格、品质以及其他产品属性的敏感度。要打造网红达人类人设,主播必须既有内容又有趣;既有专业知识又能讲故事段子;既能对产品如数家珍,又有自己独特的消费主张。

这种人设的局限则在于,网红达人的不可控性。一方面没办法标准化复制,另一方面具有强烈个性色彩的主播有极大的流失风险。

(四)导购促销

直播卖货归根到底是一种交易行为,虽然也许会有一时的冲动消费,一部分吃瓜群众,但最后还是要回归到交易的本质:交付商品。

导购促销类人设最核心的就是击中用户的真实需求,快速准确甚至超预期地匹配用户需求。比如,有着多年化妆品线下柜台销售经验的主播，在用户提出购买化妆品的需求后，可以快速从价格、品牌、肤质等多个角度给用户专业的消费推荐。

这种人设最大的价值在于帮助用户缩短消费决策时间，信任形成后，让用户可以"无脑"跟随主播推荐，从而形成强大的带货能力。

以一个女装直播间为例，在日常直播中，主播们会轮流上阵介绍衣服的颜色、款式、适用身材以及一些小设计，给用户相对专业的消费建议。

要想打造导购促销类人设，主播必须对产品卖点和用户需求非常了解。一方面能从价格、品牌、竞品等多个角度说明产品卖点；另一方面能从用户的消费场景、心理需求等角度匹配合适的商品。

这种人设的局限则在于，主播所推荐的商品必须是极具性价比和专业度的，一旦推荐出错则人设崩塌。

第四章

高强输出：
主播必备的六大专业技能

网络直播从最开始的娱乐模式逐渐转变成一种商业模式，直播带货成为风口。大量人群投身到主播行业，希望能一展身手，然而真正能晋升为头部甚至腰部主播的却寥寥无几，究竟原因何在？因为带货类的直播对主播的要求相对较高，除了镜头感、语言表达外，团队配合、产品知识、直播风险预估等能力也是必不可少的。由于准备不充分，甚至有很多明星在直播间带货也出现了各种问题。只有提升带货主播的专业技能，才能够使得直播带货更加顺利，主播成长更为迅速。

第一节

明晰直播要点：
掌握直播带货全流程

一场直播如果没有提前做好规划，可能会导致主播在直播间里随机发挥，使产品讲解不够规范化；同时也会导致主播回复粉丝问题不在重点，而粉丝不知道主播在讲什么，最终演变成一场自说自讲的尬聊。因此，很多主播播了很长一段时间，可直播成绩依然不好。其实，主播出现以上情况的主要原因就是直播太过随性，没有做好一套完整详细的规划。

一、直播带货前做好规划

直播前做好规划，往往能够帮你理顺流程、增加人气、提高销量；反之，则可能造成主播直播时手忙脚乱、人气锐减、销量堪忧。那么，一套完整详细的规划到底要怎么做？

（一）直播前的准备与规划

每场直播开始前，主播和直播团队需要完成直播策划方案，包括直播时间、时长、商品及数量、样品情况、预告文案、直播流程、直播预案等要素。

1. 从粉丝需求出发，制定排品策略，配合直播节奏完成销售目标；

2. 规划直播流程、直播节奏、活动时间，合理安排和分配各商品的讲解时间；

3. 将测评感受、产品卖点、产品信息结合主播的个人特色，产出直播话术，再把内容整理进产品卖点中。

建议大家以表格的形式进行整理，品牌介绍、利益点强调、引导转化、直播间注意点等都是表格里应该具备的。这样既能清晰地展现重点，又方便团队对接工作。在直播时也可以以 PPT 的形式展出，帮助主播做产品讲解，以下是单品脚本的范本，可供参考：

单品脚本						
产品名称	产品图片	产品卖点	日常价	直播活动价	核心卖点	
潮流韩版宽松连帽卫衣，春季新款印花抽绳	附图片	①基础印花卫衣，卫衣正面的小狗图案使得整件卫衣富有活泼、青春的少女气息；②卫衣是宽松的，可以把过年囤的肉肉很好地遮住哦	449元	79元	2件2折+400元满减50元优惠券	
秋季新款韩版百搭哈伦风，小脚中腰九分裤休闲裤女神	附图片	①九分裤设计，露出性感的小脚踝不要太好看；②哈伦裤的版型超适合丰臀女性，遮肉效果非常好	299元	149元	150元优惠券	

表4-1 单品脚本模板

弄清楚这些内容，对直播进行一个整体的规划和安排，然后根据我们的计划对各个环节的要求进行填充，就可以完成一份直播流程图，以下表格的直播流程图可供参考：

直播环节	节奏（建议时长）	价格策略	核心玩法	
			抽奖、福利（约5~15分钟一次）	互动、提升下单
开场	暖场（10~20分钟）	预告今天售卖的所有商品简介及大致优惠力度，吸引用户持续观看	轻量级抽奖	刷屏引导 直播间互动引导（点赞、转发等）
正式售卖	售卖初期（1~2小时）	引流款客单价逐渐增加	完成任务用户抽奖（如转评赞预热视频、下单）	下单流程教学、产品亲身示范（试用、试吃、做实验等）
			福利款商品秒杀	介绍赠品数量及价值
	售卖高潮期（1~2小时）	价格优势最突出、最大众化的潜力爆款客单价	免单：从下单中抽取×名免单	神秘嘉宾、知名嘉宾空降直播间、炒热氛围
			红包：不定时发红包	品牌方围绕商品价格优势深度讲解
			抽大奖：高客单价热门商品或商品大礼包	
	售卖结尾期（0.5~1小时）	客单价由高转低		根据前期下单数据及在线观众画像安排爆款商品返场，冲GMV；滞销商品返场，再次介绍优惠力度和库存
结束	收尾（5~10分钟）			感谢粉丝支持

表4-2 直播流程图

(二)直播预热

我们在直播前,需要把老粉丝通知到位,提前把这次直播的主题、福利进行预告。预热工作失误,很可能导致直播间进不来流量,销售一塌糊涂。

真正成功的直播营销是在直播未开启之前就有众多粉丝翘首以盼,而不是开启直播后等待粉丝慢慢加入。因此在直播预热环节,一定要抓住以下3点:

1. 预热时间越充足越好,可以在直播前制作预告短视频,增加直播日期、时间点,发布2~5条预热短视频,评论区强调直播时间、引导其他用户发起评论;

2. 尽可能覆盖多渠道,微信、朋友圈、社群、微博、微信公众号、短视频平台、小红书、线下门店等,找到一切可能覆盖到用户的渠道进行预热;

3. 宣传方式要多样化,多角度预热。

(三)直播彩排

直播带货与拍摄电影是极其相似的。主播的话术脚本是提前策划的,直播间的每个动作、主播说的每句话都是设计过的,甚至评论区的互动也是精心策划的。每场直播开始前,都需要进行直播彩排,确定流程与产品烂熟于心,每个环节与配合井然有序,每个小故障都有解决方案。

1. 彩排时需要解决的问题:

(1)主播不能出现个人失误,要提前熟悉商品名字、价格、折扣、商品介绍等基本信息;

（2）道具要准备充分，把前检查道具情况，比如，不要出现展示净水器但出不了水的情况。再如一场美妆类直播，有可能除了准备美妆产品之外，还需要准备美妆品类的道具，如卡纸、置物架、手套、打光板等，这些道具在直播中可以让直播间的高级感瞬间起来；

（3）确保 PPT 可以正常展示；

（4）要检查产品的上架顺序，福利发放频次是否合理。

2. 直播设备测试

要想提升直播效率，开播前，以下几个方面也要细心调试：

（1）光线调整，确认环境光线。如果在室内，则应进行补光处理；如果在室外，则应避免阳光太过强烈或黑暗的环境；

（2）对焦和曝光调整，对相机、手机进行对焦和曝光调试，确认画面效果让人感到舒适；

（3）美颜设置，多选择几款美颜软件进行测试，确认最适合自己和环境的一款；

（4）横屏和公告设置，测试手机横屏观看效果，并提前将公告设置写好，开播时可以第一时间发布；

（5）直播间大流量进入时是否会出现卡顿；

（6）商品链接是否添加好，能否正常购买，库存和顺序是否正确。

直播前做好规划是非常重要的。一套完整的直播规划，可以让整个直播流程都十分顺畅，避免很多尴尬；也会让你的直播看起来更加专业成熟，留住更多的用户。

二、直播间带货七步走

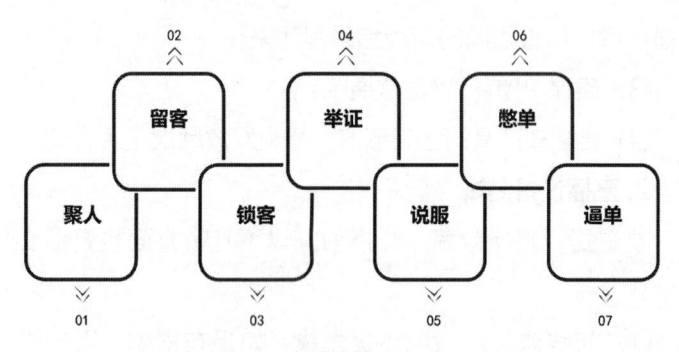

```
    02          04          06
    ∧           ∧           ∧
  ┌────┐      ┌────┐      ┌────┐
  │留客│      │举证│      │憋单│
  └────┘      └────┘      └────┘
┌────┐    ┌────┐    ┌────┐    ┌────┐
│聚人│    │锁客│    │说服│    │逼单│
└────┘    └────┘    └────┘    └────┘
  ∨         ∨         ∨         ∨
  01        03        05        07
```

图 4-1 直播间带货七步

(一) 聚人 (0~5 分钟)

在开播的前 5 分钟最重要的不是直奔主题讲解商品，而是聚人气，引起粉丝的好奇心，具体可以通过以下几种方法：

1. 标题和封面

想在直播开场时迅速积累人气，带货主播要设置好标题和封面，一个有吸引力的直播间标题和封面图，可以有效增加公域流量的点击率，也可以抓住观众的好奇心。

(1) 直播间标题设置主要有以下几个要点：

a 福利抢眼法："好礼 0 元送不停""零食大礼包 3.9 米起送"；

b 强调产品法："榴莲千层好吃到哭了""无尘车间辣条放心吃"；

c 从众心理法:"被 5000 人问爆的裙子""10 万人围观中";

d 明星效应法:"得力文具～××(明星名字)空降直播间"。

(2)直播间封面设置主要有以下几个要点:

a 使用福利海报,强调优惠信息,营造大促感;

b 使用明星或达人照片(需授权),适合品牌型客户,撬动明星或达人粉丝;

c 使用直播截图,适合工厂类、专柜类、达人类直播间,使原生感更强;

d 除此之外,还可以使用品牌 LOGO、品牌门店、产品图片等。

(3)欢迎互动,拉近粉丝距离

通过标题或封面吸引来的粉丝,我们一定要在第一时间承接好,不能置之不理,更不能视而不见;要通过一些欢迎话术和互动话术去拉近与粉丝的距离。因此,在"聚人"阶段,主播一定不要急于讲解产品,要通过发放一些福利来引导粉丝点赞分享互动,从而增加直播间人气。

(二)留客(5~7分钟)

如果说好的主播能在最短时间内吸引大量用户进入直播间,那金牌主播则能让用户留在直播间。用户进入直播间后,如果营销无趣也会劝退很多的潜在用户,所以这时要通过话术宣传向用户抛出各种利益点、亮点。例如,后面要上架的优惠商品，或多少分钟后会空降到直播间的某位明星嘉宾等，诱惑点逐一放出，以吸引用户留在直播间继续看下去。

另外，关于留客还可以采取以下两种具体方法：

1. 抽奖环节

抽奖是一些头部大主播的直播间常用的套路。抽奖条件是当直播间人数或者点赞数达到某个数值就启动抽奖。要给用户一个留在你直播间的理由，这样也可以触发用户帮你转发，聚集直播间人气，以快速点燃直播间氛围。

用抽奖的方式吸引用户，既活跃了直播间气氛，还能让用户有一种参与感。不管是哪场直播，什么主题的直播，她的直播开场都是雷打不动的"抽奖"且抽奖口令简单具有标签性，会刷不同的关键词或者和节日相关，比如"愚人节快乐"，或是和产品相关，而不是像其他主播那样习惯性的口语。

另外，还会将活动时间、品牌名称露出，这样既可以让观众了解正在卖的产品，也可以让新进直播间的观众快速参与进来。固定的开场形式，无形中在用户心中打了标签，奖品的配置又给人一种"不抽错过一个亿"的感觉。对于老用户来说，他们即便抽不到奖也想去凑凑热闹，也因此会蹲点看她的直播。

2. 预告本场直播卖点、优惠力度

抽奖之后，"淘宝一姐"会紧接着预告本次直播的优惠，把优惠力度较大的货重点"剧透"出来，以提升用户的期待值和停留时间，如：

"今晚有××的卫衣，还有××的鞋子，不过数量都比较少，总共只有5000件，今天直播间会有经典款的秒杀价格……另外今晚有××，有××，比双11还要便宜；还有××，那个我很喜欢，我经常吃……"

某知名主播的开场预告节奏很紧密，她会先预告整场直播的货品，详细介绍其中关注度较高的产品，告知观众具体的上架时间段，方便一些不能一直坚守在直播间的粉丝购买。值得一提的是，她直播预告的整个过程非常自然，几乎是和用户聊着天就顺便把直播要带的货预告完了。

（三）锁客（7~12分钟）

当用户成功被留在直播间时，主播要继续积极地采取下一步行动。因为带货主播的最终目的是将进入直播间的用户变为自己的客户，能够长久地在直播间产生消费行为，所以这一步要做到的就是"锁客"。

1. 行动引导

将用户留在直播间后最重要的就是通过一系列的行动引导，让用户在直播间除了观看还要付出一些行动成本。

例如，为了获得后面参加活动的资格点击关注、加入粉丝团等，当用户为自己的兴趣付出行动之后就会对后面获得相应回报、优惠产生期待，从而继续留在直播间参与后续活动。到这个环节，这个客户基本就被"锁定"了。

2. 模拟产品使用场景，激发用户需求

以提问的方式与粉丝互动，让粉丝说出产品的使用痛点，让他们没有需求也被激发出需求来；而不是简单地把说明书的功能都说一遍。营造使用场景对促单有着非常明显的作用，能让粉丝知道"为什么要买"，痛点共鸣，以便激发粉丝的购买欲。

我们拿小电风扇举例，部分观众是没有购买欲望的，因为家里有空调，还买这个小电风扇做什么。这个时候主播说："你可以买一个放在办公室的桌子上，这样趴着午休的时候吹着，不会容易出汗，也睡得舒服。"

这样一来该场景立刻就在观众的脑海中浮现出来了。经常使用午睡枕的办公室一族虽然吹着空调，可是趴着枕头睡觉，天气热的时候还是不舒服，而这款小电风扇就能够解决。因为其方便实惠，所以顺理成章下了单。

（四）举证（12～16分钟）

出示产品可信证明，证明产品靠谱，赢得直播间用户信任，包括但不限于：销量截图、网友好评（淘宝评论区、小红书笔记、知乎上找反馈的软文、写得比较客观的评价）、网红推荐、官方资质、专家背书等。

1. 销量型举证

通过产品的销量体现产品的可靠性，暗示用户产品没有问题，用具体的数字体现产品受欢迎的程度。例如，"我们直播间59元包邮，已经卖了14万把了（总销量），一

周销售5万份（周销量），32%的顾客都会回购（回购率），好评率99%（好评率），顾客评价4.9分（顾客评分）。"

2. 担保型举证

把"自用款"抛出来为产品做担保，以提高信任度。但千万不要每一个产品都说自用款，否则就不真实了。例如，"我自己就在用，已经用了10瓶了，出差也天天带着！方便又特别好用！我的同事们也都说好用，现在已经拿起手机，在直播间守候着，也准备抢一波！"

（五）说服（16～22分钟）

说服顾客下单购买的时候也是取得顾客信任的时候，这时需要展现出主播极强的商品专业知识。

1. 产品讲解

从产品功效、价位、材料、外观设计、促销力度、现场使用结果等方面与竞品对比，进一步帮助用户排除选择，指导用户如何根据自身情况购买，给观众们吃下"定心丸"。

2. 常见品类的商品介绍侧重点

（1）食品类

这类商品需要现场试吃，通过主播实际展示吃的过程，描述食物的口感，让粉丝了解到食物的色、香、味。同时介绍清楚食物的配方，需要操作处理的食品，要事先准备好，主播还可以展示其操作方法。

食品类商品的用户关注点：保质期、配料、口感、规格、价格等。

（2）美妆护肤类

典型的实验类介绍，如果是面膜一定要现场挤出精华展示含量，如果是口红、眼影一定要现场无滤镜试色。

美妆护肤类商品的用户关注点：使用感受（质感、质地）、功效（保湿还是抗老）、成分（添加了哪些主要成分、功效是什么、占比有多少）、适用人群（肤质是干皮还是油皮、年龄适合多大）、价格等。

（3）鞋靴服饰类

这类商品的展示需要实际上身，通过讲解穿搭技巧、展示穿搭秀等方式直观展示给用户。

鞋靴服饰类商品的用户关注点：适合什么风格、面料是否舒适、实际上身效果、有无色差、尺码（透露模特身材信息、方便粉丝对比）、价格等。

（六）憋单（22～27分钟）

抖音玩家，对"憋单"并不陌生。从字面意义上理解，憋单就是憋着一段时间不放单，在实际的场景中确实也是类似的操作。简单来讲，憋单就是在直播的时候掌握一定的节奏，通过前面一系列讲解激发发用户的购买欲望，但必须等到最后统一上架链接后才可以通过秒杀的形式抢购。一面激发用户的购买欲望，一面刻意压制用户的下单行为，最后将前面积攒的用户欲望统一释放，其惯性会极大提升商品成交量。优秀的头部主播都会采用憋单的方式来制造直播间人气及销量。

(七)逼单(27~30分钟)

逼单并不是强迫用户下单,而是通过反复提示用户实时销量、反复使用倒计时,制造一种立刻就要买、不买就错过了的紧迫氛围,从而促使用户"先下手为强"。逼单也是直播带货中最后一个关键环节。

第二节

抓住直播核心：
助力主播精准把控产品

主播作为用户与产品之间的桥梁，是引导用户产生购买行为的核心驱动。因此，作为一名带货主播，要具备基本的产品能力，也就是要充分了解产品，有产品选择、组合、定价以及推荐的能力。

一、选品的底层逻辑

俗话说"三分靠运营，七分靠选品"。选品是直播带货的基础，也贯穿于运营的始终。选品是重点，也是个难题。无论你是要找货、带货的主播还是有货的商家，直播带货的第一步，都是选对产品。下面我们从产品、行业和用户这三个层面来解析选品的底层逻辑。

（一）考查产品品质

1. 品牌

由于品牌背书利于转化，所以尽量选择有一定知名度的产品。这样即保障了质量又避免了售后问题，同时也能提高直播间转化率。

2. 外观

尽量选择颜值高，一眼就能看懂的产品，同时要尺寸适宜且适合直播间展示。

3. 质量

这点很重要，如果产品质量太差，用户给了差评会直接影响你的口碑和流量；因此，在质量上要严格把关。如果你是带别人的货，起初看图片不能确定产品的质量，可以让商家先发一下实物视频，再寄样品查看，产品质量达到自用级别即可。

4. 功能特性

在功能特性上，尽量保证人人都能使用，受众广，25～50岁都有可能购买，同时要让受众一眼就能看懂，理解成本低的产品。对新、奇、特的产品要少选。

5. 生命周期

新品优先考虑，处于生命周期的初始位置，带爆的几率更大。老款可以选择曾经比较受欢迎的产品"特价返场"处理。

6. 定价合理

产品的性价比与其转化率息息相关，高价产品很难实现高转化率，低价爆款产品往往转化率高。根据直播间价格选品，要做好区间定位。前期直播间里不要出现低价、中价、高价三类产品，而是垂直定位，以低价吸引更多用户，提升用户高频购买率，实现薄利多销。选高性价比、低客单价的产品销售，精准定位直播间价格，以吸引相对应的用户人群。

7. 产品评价

这点也需要重点关注，产品的好评率至少要在 85% 以上，因为评价过低的产品会影响到直播间的口碑。

（二）选品方式

纵观整个直播行业，了解同等级和略高于自己等级的主播都在卖什么货品，这样有利于在选品时掌握大致的方向。

1. 线上选品

（1）对标达人——关注达人橱窗——销量 TOP10 商品

比如，你是做零食类目的，可以到对标账号的橱窗中，选择销量领先、排名前 10 的商品去联系客服，要到商务的微信洽谈合作，一般会有专门负责商务的人。

也可以借助数据分析平台，查看且掌握走势向上的货品和近期爆品，快速判断该品是否适合自己的直播间。

（2）数据工具

比如，借用蝉妈妈这个工具，选择商品——选品库——选择做的品类。如果是做母婴类目，我们可以选择近 7 天销量排序，看看最近一个星期被带爆的产品有哪些，如有适合自己类目的，可快速联系厂家寄样品。因为近一周被带爆的产品的带货达人还不多，这时候还有继续爆的可能。

2. 线下选品——商家或厂家推荐新品

自己长期合作的商家或厂家，一般都会定期出一些新品，我们需要跟他们获取到样品表，要求他们寄样品；并根据产品表格信息与样品，来与淘宝、抖音、快手等平台的爆款进行对比，看看是否适合自己直播间带货。如果合适，也可以纳入到选品清单中。

二、高效选品法则

很多主播和商家在做直播的时候很纠结，不知道到底该上哪些产品。我们按照直播前、中、后的时间线，为大家梳理直播选品思路。

（一）直播前选品三步走

1. 直播前第一步：定主题

要知道每一场直播都要有一个主题。而选品，尤其是主推款的选择，必须围绕主题进行，有一个中心思想。否则靠直播间临场发挥，是没法留住粉丝的。

大部分商家在直播时，其实都会有一个常规营销主题，

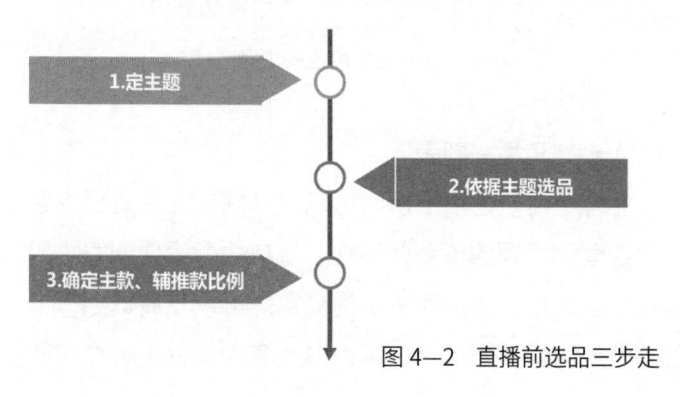

图4—2 直播前选品三步走

比如,"现货上新""专场秒杀""放漏""清仓"等,这类主题观众一眼就能看懂,也比较容易搭配商品。除此之外还有一些节日活动,比如,"七夕""618"等。

(1) 特色活动主题

为了更好地实现销售目标,有时商家还会别出心裁地策划一些特色活动主题。这跟单纯的营销主题有点区别,需要商家费些心思去策划。比如,食品类目可以在儿童节前后策划一场"寻找童年的味道"直播;珠宝类的可以在"女神节"时推出"首饰搭配新风尚"直播;女装可以在初夏上夏装的时候,策划一场"夏日约会穿搭"直播;而水果类目的商家则可以在水果成熟、丰收的时节推出"甜蜜品鉴会"的直播。

类目	特色直播主题
食品	"寻找童年的味道"
珠宝	"首饰搭配新风尚"
女装	"夏日约会穿搭"
水果	"甜蜜品鉴会"

表 4-3 各行业特色直播主题

(2) 制定直播主题表

当你有了这些想法之后,可以立马制定一个直播主题表。常规营销主题的策划并不难。特色主题需要创意,但频率也不用太高,想法比较多的商家,可以一周策划一个特色主题或两周策划一个;可以多从各大平台上关注一些实时热点，也可以根据热点来打造自己的特色主题。

周一	周二	周三	周四	周五
上新日	爆款日	折扣日	主题日	清仓日
1. 节日、大促根据具体日期来定 2. 两周策划一个特色主题，放在粉丝最集中的日期播，例如，受众为家庭主妇可以选择工作日播				

表 4-4 直播主题表

我们按照直播主题表来安排直播，这样做有几个好处：①省力省时；②可以形成规律，增强粉丝粘性；③偶尔出现的特色主题，可以给粉丝带来惊喜。

2. 直播前第二步：依据主题选品

我们根据直播主题进行产品组合策划，确定主推款与辅推款，产品搭配要合理。如果直播间全部都是主推款，那最终很有可能每款产品都卖不好，更别提完成直播目标了。

直播主题		主推款	辅推款
常规营销主题	上新	具备流行趋势元素的款：应季款	补充主推款所缺
	折扣	想冲销量、利润较高、过季的款	
	大促	店铺主打爆款：冲销量款或潜力新品	
	节日	节日相关的热门产品	
	清仓	过季款、断码款、老旧款	
……			
特色活动主题	各类目不同	主推款风格与活动场景极度契合	主推款配件、替代品、小物件

表 4-5 根据主题选品

（1）常规营销主题选款

a 主推新款＋畅销老爆款→发现潜在爆款

这场直播主推新款，可以搭配一些老款，或者是性价比较高的常规款，目的都是给新品引流。推新款不简单，但是推老爆款总是不会出错的。此外，一些暂时没有起量的款也可以进行上架。如果没有效果，就逐步淘汰；如果效果好，就转变为潜力款。

b 主推畅销老爆款＋新品→以老带新

当我们确定这场直播主推经典老爆款时，也要注意搭配新品，采取以老带新的策略，实现店铺、直播、粉丝的共赢：店铺新品多了销售渠道、直播内容有了新花样、老粉丝也想了解新产品。

c 节日大促：新品＋老爆款大杂烩

像节日大促本就是"大杂烩"，新品老品都可以上架。老爆款的安全牌打出去，不浪费流量；新品也勇敢推，可以进行测款，如果效果不好，下场再换。

（2）根据特色活动主题选款

根据特色活动主题选款怎么选？以我们刚刚提到的一个特色活动主题为例。食品类目，我们把主题定为"那些年90后熟悉的童年味道"，我们要打的主推款是2～3款20～30岁年轻人认可的童年零食。这时我们的辅推款就可以是一个零食大礼包，也可以按照比例，推一些不属于怀旧主题的食品。比如，整场推7～8款符合主题的食品，也可以引出2～3款新品，给买家多样化的选择。但是要确定好主款、辅款的比例。

类目	食品类目
主题	"那些年 90 后熟悉的童年味道"
主推款	2～3 款 20～30 岁年轻人认可的童年零食，数据上客单价低，转化率较高，符合怀旧主题
辅推款	1. 零食大礼包，提高客单价 2. 可以按照比例，推一些不属于怀旧主题的食品，给买家多样化选择

表 4-6 根据特色活动主题选款

3. 直播前第三步：确定主推款、辅推款比例

我们可以按照这个比例去推算，50% 的主推款，30% 的辅推潜力款，也就是那种可能有爆款潜质的新品，再加上 10% 的辅推滞销款，可以再带一下销售量不是太理想的款，最后可以留百分之十的机动空间，等到直播时参考买家的意见。

（二）直播中选品

1. 收集选品意见

在直播的时候，要留意粉丝对我们产品的反馈，多收集选品的意见，多询问用户的需求。直播与观众互动的过程，也是个选品的过程。

2. 提前制定紧急预案

有些时候，我们把握不好受众的喜好，在直播前必须

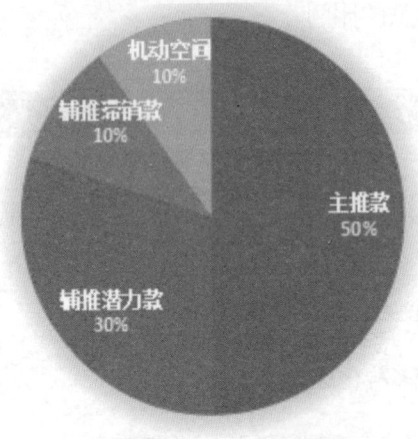

饼图内容：
- 主推款 50%
- 辅推潜力款 30%
- 辅推滞销款 10%
- 机动空间 10%

注：仅供参考，商家需参考买家意见灵活调整

图 4-3 确定主推款、辅推款比例

制定好两套直播选品方案，最好要有方案 A 和应急预案方案 B。当我们直播时发现数据不好，要崩盘，就赶快换上方案 B。直播后，我们要对商品进行复盘，找出爆款，有爆款潜质的款和滞销款，然后进行选品调整。

3. 直播后选品：商品上新

一场直播的结束，也意味着下场直播的开始。要达到我们直播的目标，商品更新必不可少。更新频率，每场直播都要更新商品；更新数量，确保每场直播至少更新 50% 的商品，更新的商品既有主推款也有辅推款。

三、直播间黄金产品组合

从直播间的组货策略来看，从低价引流款、高流量的畅销款到拥有强大供应链优势的高利润款，多种款式结合成一套"组合拳"才能打造一场成功的直播。

(一)引流款——获取流量与信任

产品特点：优惠明显、知名度高。

直播的时候拿几件商品出来秒杀。秒杀的价格是多少并不重要，主要是引导观众、粉丝来关注我们的直播间，给我们直播带来流量，以维护直播间的人气和热度。这类产品通常利润很低。

(二)畅销款——解决需求

产品特点：声量高、大众消费、当季热度、网红款。

畅销款具备高流量、高曝光、高成交转化的特点，通常用以提高客单价，在人气最高的时候上架，且会占用最多的时间讲解（包括介绍：商品价值、价格、研发背景、

注：仅供参考，商家需参考买家意见灵活调整

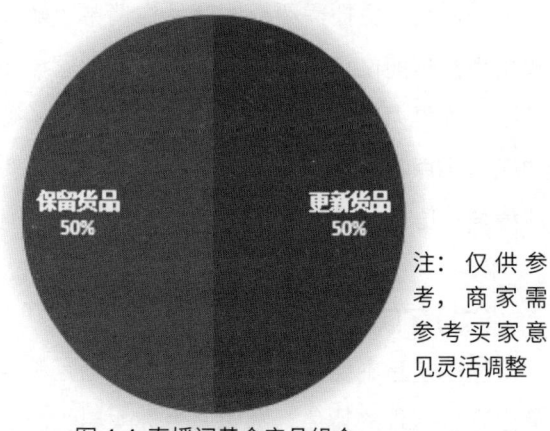

图 4-4 直播间黄金产品组合

用户口碑等）以吸引用户成交。

（三）利润款——获得利润

产品特点：非标品、白牌产品、供应链优势。

利润款是要能够为直播间带来一定利润，质量要好，价格不能太高，偶尔有打折、优惠、满减的活动。

（四）特色款——提升粘性

产品特点：IP产品、定制款、稀缺产品。

特色款一定是很稀缺的，可以是某场直播的专款，也可以是某个主播的定制款，不能每场都有或者每个主播都卖。

四、主播如何快速了解产品

（一）提前了解产品，做好卖点提炼

开播前，主播需要根据商品详情单了解商品基本信息和卖点，提前设计销售话术；还要跟商家再三确认商品的价格、优惠力度、库存等。普通产品需要了解产品的核心功能、卖点与缺点；有特殊功能的产品，还要跟消费者阐述清楚其功能、适用人群等。

（二）了解产品的目标人群

也就是它主要是给谁用的，定位越是精准，越容易思考出它应展现的特色。例如，当你卖男士洗面奶的时候，

直播间里一般是女孩子比较多，你就应该把话术改变一下，不再是瞄准女性，而是瞄准女性身边的男性来产出话术。例如，"很多男人都不是很注意护肤，所以脸上看起来很粗糙。虽然男人不靠颜值取胜，但是干净的外表却是必需的；因此如果你有关心的男士，就赶紧入手一个吧，用完绝对变帅哦。送父亲，可以抚平岁月在他脸上留下的痕迹；送男友，让他的每一个清晨都有你的靓影；如果你自己是男士，那更要送一个给自己，对自己好一点。"

（三）竞品分析

主播还可以找商家要到这款产品的竞品，做对比分析。可以看看对方哪里做得好，哪里还不够好，从而思考自己产品的优势，以便在直播中通过对比的方式向用户阐述。

（四）亲自试用

主播首先要对自己推销的商品全面了解。敬业负责的主播，一般会自己亲测产品，觉得好用再推。这样会赢得更多的忠实观众。

在自己试用这个期间可以把产品的成分、自己对产品的使用方法、使用效果、真实的使用感受等都记录下来，以整理产品卖点，生成自己的产品话术。

（五）用户评价

获取用户的反馈，去了解用户对这个产品的评价。通过各种网络渠道、身边的亲朋好友、同事邻居来了解他们对这个产品的认知以及评价。

(六)同行案例

多看案例，看其他的主播带同种类型产品的话术，将你觉得有用的话术记录下来，转化为自己的语言，形成有自己风格的话术。

五、定价策略

直播间粉丝是否要购买一个商品，价格绝对是众多考虑因素中比较重要的一个。价格定得太高，消费者觉得贵；定得太低，一方面商家没有利润，另一方面粉丝也会担心商品质量。所以定价也就显得尤为重要，可以遵循以下几个定价策略：

(一)"9"结尾的定价策略

直播间的商品，都喜欢定价 9.9 元、19.9 元、199 元，这是因为 9 结尾的价格，会比 10 元、20 元的东西更好卖。首先，100 元这个价格会被大家归纳到"上百块钱"里，而 99 元的东西只会归纳到"几十块钱"里。其次，19.9 元的开头是 1，而 20 元的开头是 2，开头数字越小，越容易引起消费者的注意。所以在直播间定价中，能定 199 元绝不定 200 元。

(二)阶梯策略

阶梯策略是传统买一赠一模式的升级版,适用于食品、小件商品和快销品。比如,68元/斤的小龙虾,在直播间拍1斤48元,拍2斤88元,拍3斤118元,拍4斤138元,主播在直播间建议粉丝拍的时候直接拍4斤,更为划算。这就是阶梯式的降价,可能厂家给的价格就是平均价。比起直接定价,这种定价方式不但能给用户强烈的视觉冲击,刺激购买欲望;而且能引导消费者多件下单,完成高销量,以释放库存。

需要注意的是:引导一定要清晰简明,可以在下单链接里注明建议拍几件,如果能打上线下原价进行鲜明对比,效果会更突出。

(三)锚定对比策略

我们进入星巴克时,会在很显眼的柜台上发现标价22元的依云矿泉水,客户在点咖啡时会不自觉地对比:一瓶水都要22元,那我点一杯35元的咖啡就很划算了,无形中促进了顾客下单。当我们对一个东西做评估时,会把某个数值作为参考对象,这个参考对象就会像锚一样,在你做决策的时候,不自觉地影响着你的决定。

在直播间介绍时,你可以说这个产品实体店价格是680元,双11价格是399元,某千万级主播卖过350元,但今天在你的直播间只要199元,制造价格差,利用锚定对比促进交易。

(四)有买有赠定价策略

有买有赠定价，就是商品本身的价值就超过了售卖价格，在这个基础上还有免费的赠品，让粉丝感觉到买到就是赚到。

比如，在直播间销售某品牌的精华、水乳还有面霜，由于价格跟其他渠道或主播相比没有明显优势，所以销量不佳。这时可以换个思路，580元的精华，直播间定价1080元，拍1发2，还赠送面霜的体验装，以及20片面膜，这20片面膜日常的定价就在200元左右，这样1080元的精华就卖成了爆款。

(五)价格变身

卖同样数量的东西，可以用不同的话术。比如，卖粽子，原定礼盒是199元包含4枚肉粽、4枚甜粽、2枚咸鸭蛋的形式；但如果介绍成199元包含4枚肉粽、2枚甜粽，再额外送2枚甜粽、2枚咸鸭蛋，粉丝就会觉得这样更超值。

常规的直播形式可能没新意，会令粉丝觉得枯燥。惊喜策略，就是要在这个时候用。如上架一款商品前，主播介绍的最终价格是99元，可当粉丝下单时，却只用了89元。这时，主播会解释这是临时设置的优惠，或是设置错了价格参数。这种方式的终极目的是引导粉丝下单。虽说设置错的可能性极小，但这种情况完全给了大家一个惊喜，也就容易收到良好效果。

因此，定价并不是越低越好，定价越低代表利润越低，可操作空间就更低；而且过低的价格会导致以后只能以更低的价格做直播，那仅仅是在清库存。所以我们要制定合理的价格和合理的产品组合，"人货场"三者环环相扣，才能打造一个高成交额的直播间。

第三节

把控直播节奏：
一键套用超强带货话术

直播带货通常是利用用户冲动消费的心理，最终进行变现转化。而主播的说话技巧和热情的带动节奏，往往会刺激用户下单。因此，直播带货中，产品固然重要，主播的话术同样也很重要。

一、带货主播为什么要准备带货话术

进入到直播间我们不难发现，各个主播的语言都有一些相似。从用户刚进入到直播间的欢迎语，再到对产品卖点的解说，主播们的话术似乎都是经过提前准备并且演练过的，很程式化。为什么会出现这样的现象呢？其实这就要追溯到带货主播的本质。我们在前文中也给大家解释过带货主播的定义，称其是以商品为核心，利用直播的艺术手法，进行商品的内容阐述与详细生动地宣传推销。简单地说，带货主播就是一名销售员。那么既然是销售员，就一定要有销售技巧，也就是带货主播定义中提及的"利用

直播艺术手法",即带货话术。不然,即使拥有再优质的产品,不懂得用户心理、不懂得如何去阐述卖点,也无法将产品售卖出去。

在这里我们可以将带货主播与销售归于一类,这样更方便我们理解带货主播为何如此重视带货话术。我们知道各行各业的销售在向客户介绍一款产品时都是建立在基础的销售话术上的。不论这个产品是房子还是一本手册,首先他们都会先了解客户的需求,然后再结合客户的需求阐述产品的特点。看似不经意的一次交流谈话,其实都是销售们早已准备好的话术流程。

很多人会发出疑问,直播带货和现场与客户介绍产品都是实时进行的,提前准备话术真的有必要吗?现场一定会按照我们所设计的话术进行吗?这些问题其实也很好解答,我们首先要明白的是无论是带货主播还是哪个行业的销售员,他们在与用户或客户的销售过程中,一定是占据主导地位的;并且他们在这个过程中是有目标和目的的。像带货主播的目标就是将用户留存在直播间中,最终的目的是让他们在直播间中购买产品。而销售们就更简单一些,他们的目的很明确,就是在他们的话术引导下使潜在客户购买产品。

正是因为他们目标明确,在整个销售的过程中是节奏的把控者,同时还希望最后的结果是自己所预想的;所以之前的准备就显得尤为重要。美国现代成人教育之父卡耐基曾经在一篇文章中说过:"只要做好充分准备,用正确方法,每个人都可以成为优秀的演说家。反过来讲,无论你有多么老到的经验或是智者一样的年纪,要是缺乏适当准备,仍会在大庭广众下十分尴尬。"

卡耐基的这段话告诉我们用正确的方法做好充分准备,就可以拥有像演说家一样的说话本领。而恰好带货主播的销售工作性质决定了他必须要提前准备好话术技巧。提前准备好的话术可以帮助主播更加熟悉直播流程,有效地与用户进行沟通,输出的内容更加全面到位,使用户更持久地留存在直播间,提高直播间的转化率;同时也能及时应对一些突发问题;另外,提早设计好的话术也能使主播更加有底气和信心去完成一场高效的直播。

二、带货话术的要求

话术对于主播来说就是战场上的武器,非常重要。因此在直播前编辑话术一定要将每一句话精细打磨,使话术的作用发挥到最大。

首先,在编写话术时,带货主播要根据直播间的品类和主播的人设,设计符合直播间和主播基调的话术,以确保音画一致,调性一致。比如,直播间是售卖女装或零食类的,主播是年轻可爱的女主播,直播间粉丝群体也多为年轻的女生,这时主播的话术就可以偏可爱风格一些,可以称直播间的用户为"宝宝们"。如果直播间是售卖数码类产品,并且是男主播,直播间的粉丝群体也主要为男生,这时主播的话术就不应该走可爱风的路线，可以直接称粉丝为"家人们"或"朋友们"。

其次，话术要根据不同的目的来设计，产品类的话术要详细清楚。比如客单价低、容易走量的商品，话术节奏要快，要点要清晰、情绪要饱满；而客单价高、转化难度大的商品，话术的逻辑性要强，要深度挖掘用户的痛点与需求，要有画面感和场景感。

引导类的话术要简洁明了，在节奏上达到每次少说多频的效果，这样可以明确直播间的主次。否则当新用户进入直播间时，发现主播一直在引导关注，而不介绍产品，这样会使新用户快速流失。

互动类的话术要多样化，在节奏上要多频率。多样化且积极的互动可以调节直播间的气氛，拉近与用户之间的距离，从而增加粉丝在直播间的停留时长。

最后，确保整体话术的实用性，在表述上是否通俗易懂、朗朗上口，节奏是否合适。直播间的节奏整体会偏快一些，但是这里要注意节奏快不等于语速快，无论何时主播说话都要确保能够让用户听清楚、听得懂，不然提前设计的话术也就没有了意义。

三、带货主播必须掌握的话术技巧

在前文我们讲到了带货主播准备话术的必要性，所以对于一个合格且优秀的主播来说，掌握必备的话术技巧是至关重要的。这决定了他在整场直播中能否发挥出自己的作用，在团队配合之间能否完成一场高质量的直播。

那么，根据整场直播"聚人""留客""锁客""举证""说服""弊单""逼单"的全流程，我们可以将直播带货话术具体分为人气话术、销售话术、运营话术三大类。

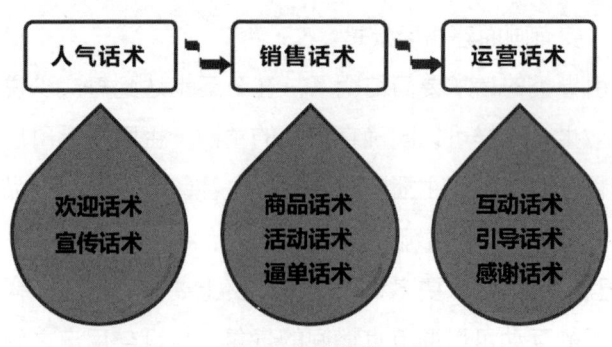

```
┌─────────┐   ┌─────────┐   ┌─────────┐
│ 人气话术 │──▶│ 销售话术 │──▶│ 运营话术 │
└─────────┘   └─────────┘   └─────────┘
     │             │             │
  欢迎话术      商品话术      互动话术
  宣传话术      活动话术      引导话术
               逼单话术      感谢话术
```

图 4-5 直播带货话术

（一）人气话术

人气话术主要起到增加直播间人气的作用，提高直播间的用户人数和用户在直播间的停留时长。人气话术通常包括"欢迎话术"和"宣传话术"。

1. 欢迎话术

对照直播带货流程第一个环节——聚人，以及刚进入直播间的用户"观望"的心理态度，主播的首要任务就是通过话术对进入直播间的用户表示欢迎。我们常规理解的欢迎话术就是"欢迎×××进入直播间"，但是这样显然有些空洞，而且不会对该用户在直播间的后续行为产生任何引导作用。因此成熟有经验的主播一般会有针对性地采取不同的欢迎方式：

（1）"点名式"欢迎

"点名式"欢迎，也就是解读用户名称，例如，"欢迎×××（用户ID），咦，这个名字很有意思，你是有什么特殊的故事或者含义吗？"通过对进入直播间的用户的名称ID进行解读，引发用户的存在感，并第一时间通过针对性发问快速拉近与用户之间的距离，进而调动用户的互动兴趣。

（2）寻找共鸣话题

第二种常见的欢迎话术就是"寻找共鸣"，例如，"欢迎×××，我最近喜欢上一首歌或某电视剧、某爱豆，不知道你们听过或看过、知道吗？"没有嘘寒问暖，没有生分客套，单刀直入地寻找具体话题邀请用户参与，而且是知名度高、热门的、极具话题性的内容。这样可以激发用户的表达欲，从而在讨论中引发共鸣。

（3）借机传播式

第三种常见的欢迎话术目的更加明确、手法更加直接，叫做"借机传播式"，例如，"欢迎×××，今天给大家带来的福利是×××（最具有诱惑力的卖点），感兴趣的宝宝记得点点关注哦！"这种欢迎方式也是在直播带货中最常见的话术。它的好处是足够直接，告知进入直播间的用户这个直播间是干什么的，在这里可以得到什么，感兴趣的话需要做什么。用户可以第一时间判断是否感兴趣，以及是否要继续留在该直播间。对于主播来讲也可以第一时间筛选出最精准的目标消费者，从而提高销售转化率。

2. 宣传话术

一般宣传话术是穿插在整个直播过程中，贯穿全程的重要话术。在商品讲解间隙或与用户互动中，都是插播宣传话术的好时机，其目的就是不断强化用户对直播间的内容、主播或其他特殊内容的印象，从而形成粉丝积累和变现转化。

常见的宣传话术归纳为三种：

（1）宣传直播时间

大多数主播为积累固定的直播粉丝，形成"收视习惯"，一般会在固定时间规律性开播。所以同样是为积累固定的直播粉丝，他们在宣传话术中有一些重要的宣传内容就是直播时间。例如，"非常感谢所有来到直播间的朋友们，我每天的直播时间是×点～×点，风雨不改，没点关注的记得点关注，点了关注记得每天准时来看哦。"通过这样不断地强化时间，同时引导用户关注收藏以防"走丢"，反复强调的形式，使用户在心中形成记忆点。

（2）宣传直播内容

宣传直播内容的目的主要是通过不断强调本场直播的主要卖点、福利，提醒用户后面还有更多优惠福利，不要轻易走开，从而增加用户在直播间的停留时长。除此以外，这种宣传话术还会用在像"618""双11"这类直播时间持续较长的大型购物节中，主播会对产品的上架时间进行一个简单介绍，避免用户错过抢购商品的时间。这类话术主要用在直播的前半段，主播在说宣传话术时要掌控好时间节点，使其发挥到最大作用。

（3）宣传店铺

很多商家直播的目的除了卖商品外，还希望能够为线下的门店进行引流。因此在直播过程中介绍产品的同时会顺带将自己在线下的门店也介绍一下。例如，"大家如果觉得好吃，也可以直接到我的线下门店购买。本店在线下已经经营了十几年，有自己的生产工厂，质量可以保证，有问题您随时找我，肯定帮您解决。想吃×××，认准我家店就可以了。"通过这样的方式不仅可以将一部分流量引到线下，还起到了加强用户信任的作用。因为能够经营十几年的线下门店，口碑一定不会很差。

（二）销售话术

在直播电商中，主播对商品的讲解是整个直播的核心内容。但是对商品的讲解不只是对商品功能、外观、价格、使用等内容的简单描述，这其中需要注入期望。优秀的销售话术加上优质的产品可以让直播间的转化率达到事半功倍的效果。销售话术通常包括：商品话术、活动话术、逼单话术。

1. 商品话术

商品话术的设计也不是一概而论的，需要根据直播间的产品类型和主播人设进行差异化的设计，主要可以分为以下三种：

（1）展示型话术

顾名思义就是通过对商品样式、材质、使用方式及使用感受直接、真实地展示，让用户可以直观地对商品进行了解。例如，一件防晒服，主播在直播间进行穿着展示的同时，如实描述："我身高168cm，穿M码刚刚好，面料属于轻薄透气，现在室内28℃，穿着感觉非常凉爽，一个收纳袋可以方便折叠……"这一步也是主播商品话术的基础步骤，展示型话术的重点是要真实。通过数据化、细节化的商品描述，让用户联想到自己购买后的使用场景和使用感受。

（2）信任型话术

信任型话术主要是依靠主播的人设、形象向用户传递"定心丸"，从而让他们放心购买产品。这类话术一般像TOP级或者明星主播等使用的较多，因为有些时候能够触动用户在直播间购买行为的，往往是主播的个人魅力或者知名度。由于这些用户本身对该主播就带有一定的信任度，如果再加上主播本人对产品的一个信任阐述，会使这些用户更加毫不迟疑地去购买。如果不是TOP级主播或明星主播，也无大碍，只要你真诚、诚恳地讲述出自己对产品的感受，用户也会有所感知。例如，"这款产品是主播自留款，个人亲测真的好用，防晒衣我只推荐这一个品牌，其他品牌给再多钱我也不会推。"通过这类话术对商品进行信任背书，取得用户的信任，打消用户的顾虑，同样会增加直播间用户的购买信心。

（3）专业型话术

专业型话术，就是更具专业技术含量的话术类型。常见于专业性较强的行业直播。例如知识类、数码类、汽车类等，需要相关行业的专业人员从专业的角度运用一些专业术语指导用户如何使用，帮助他们做产品决策。除了在专业性较强的直播间使用专业话术外，在服饰、美妆等直播间也可以使用一些专业性的话术，将产品进行深度剖析，以提高产品的转化率，彰显主播的专业能力。

专业型话术不仅考验主播对商品如实描述的能力及粉丝信任度，还需要主播对商品特性及用户类型有非常深入的了解，需要靠前期大量的研究、做功课来支撑。例如，一家卖儿童服饰的商家，主播正在销售一款羊羔绒外套，他为了强调"羊羔绒"材质的特点，没有直接阐述，而是向直播间的用户普及了"羊羔毛"和"羊羔绒"的区别。话术如下：

"这几年流行的羊羔绒十分洋气，谁穿谁美！可大家知道'绒'和'毛'的区别吗？我先给大家介绍一下，羊羔绒本身不是一个规范的术语，是商家惯用的称呼。之所以叫绒，是因为它是人造绒，所以才叫羊羔绒，而不叫羊羔毛。羊羔绒没有羊羔毛贵，但是却有很好的保暖效果，不亚于羊羔毛，所以被广泛用到服装行业。"

"羊羔绒作为一种面料有很多的优点，外观清淡爽洁，具有良好的透气性和悬垂性；质地柔软轻薄，手感滑爽富有弹性；穿在身上舒适感很强，非常地飘逸；经过高温缩水处理，不易变形和起皱；物理性能好，纤维强度高，耐磨，经久耐穿，化学性能好，耐碱、耐化学药品，抗虫蛀、抗霉菌。"

以上话术就是该直播间主播对"羊羔绒"专业术语的一个展示。这样的方式可以让直播间的用户迅速了解商品的材质特点，也让原本只是一件用来保暖的衣服增添了许多功能色彩，从而提升用户下单的欲望。

2. 活动话术

直播间中关于"活动玩法"的内容占据很大的比重，因为每一个商品都涉及到活动福利，而商品的福利能否提高用户的购买欲与话术设计的好坏也是息息相关的。活动话术就是以性价比作为原动力的优惠活动讲解，几乎所有的直播间都有活动福利，如何设计活动话术才能为自己的直播间吸引大量的用户呢？这在直播间也是一种话术技巧，主要方式有两种：

（1）对比型

在讲解该产品的活动时可以与其他直播间或平台进行对比，从而突出自己直播间的活动福利之大。例如，"今天我们直播间卖的这款鞋子只要299元，同时还能再领取一张满减优惠券，到手非常便宜。大家可以打开某宝进入官方旗舰店进行对比，它现在在售卖的价格是×××元，我们直播间里绝对是非常便宜的价格了！"对比型的话术可以给用户非常直观的感受，让其不再因为价格犹豫，切实地感受到该直播间活动福利力度之大，从而促使其下单。

（2）福利拆分型

在直播间中很多商品是以叠加赠送的形式做活动的，例如，"买一发二、买二发四"，但如果直接以这样的形式向用户表述，冲击效果就没有那么明显。所以在设计话术时不要用概括性语言描述福利，而是要将它们拆分开。如："直播间的家人们看好了，平时1kg的洗衣液就要卖39元，今天直播间39元能买3kg，并且还赠送大家500g的备用装，这还不够，一袋、两袋、三袋全部送给大家，够不够，还不够是不是，那就再来四袋、五袋……"直播中主播通过使用以上拆分式的话术再配合上肢体语言，会呈现出一种福利没完没了的感觉，从而带给用户较强的福利冲击力，制造一种"不买就亏了"的氛围。

3. 逼单话术

逼单话术是让直播间用户不再犹豫、立即下单的一种手段，主要用在主播讲解完产品，上完产品链接后的这段时间内，促使用户最终完成下单付款。

这类话术的常见手法就是饥饿营销法，常用的话术有：抢购、数量有限、过时不候、最后30秒就下架等。例如，"一号链接还剩最后15件，没下单的宝宝们抓紧了，还剩最后5件，5件卖完，可能就要几个月后才有货了……""直播间的宝宝们不用想，直接拍，只有我们这里有这样的价格，往后只会越来越贵……"通过重复强调产品效果和价格优势，不断提醒用户限时限量的话术，制造一种紧张、争先恐后的氛围，给用户下单制造紧迫感，最终实现快速销售。

(三) 运营话术

优质的运营话术不仅可以让直播间提高销售额，更可以为直播间积累更多的忠实粉丝，保证直播间长足发展，发展为高质量直播间。运营话术通常包括：互动话术、引导话术、感谢话术。

1. 互动话术

直播电商得以快速发展的一大优势就是其强大的实时互动功能，用户在观看、购买中可以随时通过评论互动获得想要了解的内容。主播在直播间运营中的主动互动可以大大提高直播间人气和用户粘性。我们将主播常见的互动话术又分为三种：

（1）发问式互动

主播根据直播间正在进行的主题、正在进行讲解且正在销售的商品，主动向直播间用户提出相关问题。例如，"这个东西大家知道如何使用吗？""大家会因为熬夜脱发而烦恼吗？""大家喜欢红色还是喜欢蓝色呢？"这样发问式的互动对于引导直播间舆论、调动观众情绪很有帮助。

（2）选择式互动

从心理学角度讲，比开放式问题效率更高的是选择题。因为人们在选择题面前往往只需要进行简单的思考和排除就可以轻松获得答案，即便是没有憎恶区分的喜好选择，其选择行动成本也非常低。选择式互动是让用户更愿意参与到评论互动中去，例如，"喜欢红色的评论区打'红'，喜欢蓝色的打'蓝'。""想要我手中这款299卫衣的在屏幕上打'卫衣',想要我身上这款259裤子的在屏幕上打'裤子',主播给大家安排……"非A即B的选项加上"傻瓜"式的互动操作,会大大激发用户的互动欲望,使直播间的用户全部都积极参与进来。

（3）节奏式互动

这类互动话术往往配合着福利和优惠出现,可以统一屏幕留言,使得直播间人气高涨,对新粉的留存有帮助作用。例如,"福利让给大家了,刷一波'福利'让主播感受一下大家的热情。""如果这款市场价××元的产品今天直播间只要×元,是不是超级给力？想要的家人们,给我打上'想要',让我看看有多少家人想要,然后给大家安排。"这样极具热情与煽动性的话术,可以很好地带动直播间互动节奏,整齐热闹的刷屏式评论,很容易把用户的热情带向高潮。

（4）告知式互动

这类告知式互动话术的主要目的是调查直播间用户的购买情况。例如,"已经购买完的宝宝们,在屏幕上打'已买',着急穿的可以打上'加急发货'。""刚才那一拨没有抢到的宝宝们,在屏幕上打'没抢到',看看有多少人,人多的话就再给大家加一波。"通过与用户们在屏幕上告知互动,主播一方面可以掌握产品的销售情况,另一方面可以营造商品火爆的场面,促使那些还未下单的用户积极下单。

2. 引导话术

在一场完整的直播中，主播除了要对产品进行销售，还要在直播过程中穿插引导话术，引导用户关注直播间，引导用户购买。因为直播是实时进行的，在这期间会有用户源源不断地进入直播间，这其中会有老用户也会有新用户；所以在直播时主播要积极地引导进入直播间的用户，提醒他们此时的直播间正在做什么并且引导其关注直播间。

引导话术的目的主要就是为直播间增加关注和分享。引导话术一般有两种形式：

第一种告知直播间的用户此时直播间正在售卖什么，同时引导用户关注直播间。例如，"刚进直播间的宝宝们，我们现在卖的是XXX，非常便宜好用，在XX号链接，喜欢的话，赶快去购买，同时可以点击左上角，关注一下直播间。"

第二种利用直播间的福利引导用户分享、关注直播间。例如，"直播间的家人们，我们马上开始抽大奖，大家可以先分享直播间给朋友们，然后记住点亮粉丝灯牌，只有点亮粉丝灯牌才可以参与抽奖活动。"

在2021年的双11期间，抖音某个明星直播间用苹果13作为福利，使直播间人数在半夜十二点时达到了42万。在主播的引导下，直播间的用户为了能抽到苹果手机几乎都愿意花1抖币给直播间点亮灯牌。因此说，直播间中的用户是否都是"僵尸粉"，要取决于直播过程中如何设计好福利活动，主播用什么样的话术去引导用户，这些都是非常关键的影响因素。

最后要注意引导话术的时间节奏要反复多频、贯穿全场，起到突出强调的作用，使直播间的用户明确直播间的活动规则，从而与主播逐渐形成一种"合作"意识。

3. 感谢话术

直播不是一场冷冰冰的买卖，也不是单方面的表演，而是主播与用户一次次情感的链接。通过感谢话术让用户感受到主播的情绪和谢意，从而达到情感触达的目的；让用户对主播产生陪伴、追随的情感，对于直播间忠实粉丝的积累有巨大的帮助。感谢话术不需要一直贯穿直播间，一般会用在某些事件的节点上：

第一，当用户关注了直播间并且点亮灯牌时可以表示感谢。例如，"谢谢大家对直播间的关注，感谢大家的粉丝灯牌。"通过这样的感谢会让用户感受到实时回馈，从而提高了用户在直播间的存在感。

第二，当直播间的粉丝突破了一定数量，主播可以表示感谢。例如，"谢谢大家这么久以来的支持，非常感谢大家对我们直播间的信任，我们今后一定会再接再厉的，继续给大家带来更多实惠、优质的产品。"这样的感谢话术会让用户感受到主播是一个懂得感恩的人，以提高主播在用户心中的形象，进而使用户愿意一直支持、追随主播。

第三，在618、双11这样的大型购物节期间，直播时间长，直播间人数激增，这对主播和用户来说都是一种考验。因此，当用户在众多直播间中选择信任你时，主播应当表示感谢。例如,"谢谢大家今晚对我们直播间支持,大家也都辛苦了。"这样的话术会让用户感觉很暖心。因为在这样目的明确的大型购物节直播间中,很多主播为了促成更多的单,直播节奏会比平时快很多,返会导致很多主播无暇顾忌用户的感受;因而用户为了买到心仪的产品也需要一直盯着(注意)直播间,这也十分考验用户的耐心。因此,这时主播的一句感谢,一方面可以让用户感受到温暖,同时还能稳定用户原本焦躁的内心,缓和他们的情绪。

最后,还需要注意的是:主播在讲感谢话术时,一定要发自内心,情感真实流露,这样才能达到情感链接的效果。

第四节

获取直播流量：
玩转高效引流涨粉技巧

短视频平台中的直播电商能够异军突起的原因，除了是电商发展所趋的必然结果外；更重要的还是短视频平台聚集了大量的流量，而有流量的地方就会有商机。随着越来越多的品牌商家开始在短视频平台进行直播，流量也就变得愈加分散，品牌商家之间的竞争也变得越来越激烈。如何能够让直播间拥有更多的流量，并且将这些流量转化为自己的粉丝，现在已成为所有商家的难题。

提高直播间的流量是每个直播间在直播时的重要任务。这就要求主播除了要了解直播间的销售技巧外，还要掌握直播间的流量机制，通过一些方法、技巧为直播间带来更多的流量，并将他们转化为粘性较强的粉丝，使直播间长期稳定地运行。

一、直播间流量的来源

主播作为直播团队中的核心人物，不能将自己的工作职责只局限于直播过程中的售卖商品,而是要全方位地了解关于直播的所有事宜。这样更有利于主播专业能力的提升。主播若想提高直播间的流量、人气,首先需要了解直播间流量的来源。

通常来讲,直播间中流量的主要来源有:平台推荐的自然流量、短视频推荐流量、关注流量以及付费流量。

图 4-6 流量来源

(一)平台推荐的自然流量

平台推荐的自然流量具体分为三种,一种是直播广场流量,它是我们在看直播时,上下滑动后,随机出现的直播间;第二种是直播推荐页面流量,它是我们在刷视频时,随机出现的直播间;第三种是同城直播推荐,即在刷同城视频时推荐的直播间。要想让平台大量地推荐免费流量,就需要提高直播间的权重。这和视频上热门是同一个道理。

(二)短视频推荐流量

短视频推荐流量也就是短视频引流流量,顾名思义,就是通过账号发布的视频引导用户进入主播的直播间。引流短视频主要分为两种：一种是提前拍摄好的，可以是剧情类、搞笑类等多种风格，但是在视频结尾处会加上直播预告，告诉用户在什么时间段开始直播，提醒用户准时进入直播间；另一种引流视频是发布直播切片，就是将正在直播过程中的一些画面截取下来，以视频的形式发布，这种形式吸引的流量会更加精准一些。

(三)关注流量

关注流量就是已关注你的粉丝通过系统提醒进入到你的直播间。对于这部分流量更是要好好运营，不能掉以轻心地认为已经成为粉丝就没有那么重要了，这种观点是错误的。主播需要不断地与已关注你的粉丝互动，定期发放老粉福利，以加强与老粉的粘性。

(四)付费流量

直播间的付费流量主要是指通过使用 DOU+、FEED 流、千川这些投放产品增加的直播间流量。对于这一部分流量需要直播间运营进行精准有效地操作。通过自己的经验以及专业能力找准时机，同时熟悉各个投放产品的玩法，通过单个投放产品或多种投放产品组合的方式来保证直播间的 ROI（投资回报率）指数。

以上就是直播间流量的四大来源。当然，主播要想把自己的直播间打造成高人气直播间，让自己的直播间吸引更多的流量，达成更高的成交额，明确流量的来源只是第一步，关键还要学会运营，懂得如何去获取流量。

二、直播间的流量机制

直播间的流量机制主要是指短视频平台规定的流量玩法，集中体现在直播间中的流量是如何分发的。基于短视频平台系统的规则，短视频直播间的流量分发主要有三种方式：流量智能分发、推送范围和去中心化。

（一）流量智能分发

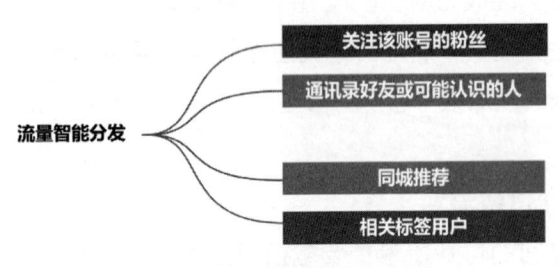

图4-6 流量智能分发

流量智能分发是指系统在最初会将直播间推荐给与你有关联性的用户。首先会分发给关注该账号的粉丝，因为关注的粉丝与账号之间具有最强的关系链接；其次是分发给通讯录好友或者有可能认识的人；然后是同城推荐，对于处于成长初期的账号而言，同城推荐属于第一波推送；最后是分发给相关标签用户，系统会先将每个账号和内容进行打标签处理，然后把视频或直播间推荐给系统标签相同或相似的账号，在较小的推送范围内进行相互交流，以检验其效果。

根据流量智能分发的机制可以得知，直播前账号的标签、粉丝非常重要，决定了第一批推送范围的效果，所以账号在直播前运营好短视频内容还是至关重要的。

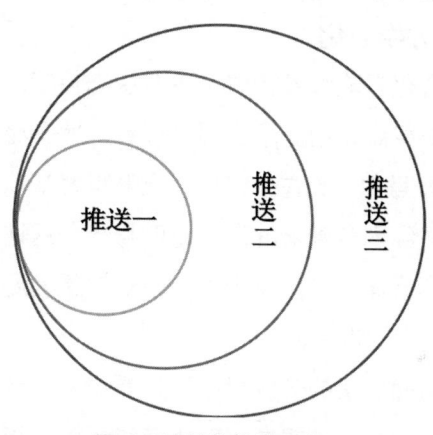

图 4-7 流量的推送层次

（二）推送范围

对于新发布的视频或直播间，平台会先提供一个基于标签的小推送范围，把内容推荐给可能会感兴趣的人群进行测试。在测试过程中，系统会根据视频或直播间在这个推送范围内扩散产生的反馈数据进行评估。如果数据反馈不错，说明内容质量优良，用户喜欢；那么接下来系统会将推荐的范围扩大，视频或直播间也就能得到平台推荐的更多流量。如果第一波推送反馈的用户数据不好，那么系统则不会继续向下一层推送范围进行推荐。

对于推送范围的测试效果也是基于一定的数据标准,具体主要会从点赞、评论、转发、完播率、直播间停留时长这几个要素来评定。这些数据越高,进入下一个推送范围的概率就越大。

(三)去中心化

去中心化是能够维持整个平台生态持续、健康、均衡发展的重要机制。因此平台不希望看到所有流量聚集在少数的大 V 账号中,会在一定程度上限制大 V 账号的流量,把更多流量红利分到新的高质量账号上。这种去中心化的平衡机制不会让平台生态失衡,并且对新入局的创作者来讲也有着更大的机会。

从直播间流量的分发机制可以看出,平台更重视整体的生态平衡发展。若想在平台中获得更多的流量,离不开两个重要因素:高质量的内容和账号带给平台的利益。所以这就要求主播在直播过程中要不断引导用户对直播间进行分享和关注,优化直播间数据;同时主播自身也要不断努力,带给直播间生机与活力。

三、直播间引流技巧

虽然抖音平台现在的日活超过 7 亿,看起来是一个非常庞大的数据,但打开抖音直播间,只有数十人观看的直播间数不胜数。这就说明虽然抖音平台的流量多，但并不意味着你的直播间流量也一定多。如何才能把平台的流量引入到自己的直播间，其方法和技巧如下：

（一）直播预告引流

直播预告引流是最常见的引流方式之一，也是众多直播间采取的引流方式。直播预告引流分为直播间内预告和短视频内容直播预告。

1. 直播间内预告

直播间内预告就是在直播过程中穿插对下一场直播的预告。这需要主播在开播前设计好预告话术，具体有两种方式：

第一种，穿插在直播过程中，主播利用粉丝的问题引出下次直播的时间。例如，"看大家都想要×××衣服是吧，这件今天没有，明晚直播间给大家上。大家明晚八点准时来到直播间，想要的宝宝们，不要错过了。"这种直播预告看似在回答粉丝的问题，实则是在为明天的直播进行引流。这种方式需要主播找准时机，在介绍某一款产品时借势引出另一款产品，进而引出想说的直播预告话术；其次主播要选择在直播间人数相对较多或峰值时期进行预告引流，使效果达到最大化。

第二种，在本次直播快结束时，主播利用活动福利和爆款产品引出下次的直播时间。例如，"所有宝宝们明晚八点准时来到直播间，明天的直播将会给大家上你们一直想要的×××那件衣服，并且明天的福利活动依旧很多，大家可以期待一下。"这种直播预告方式抓住了用户对爆款产品和活动福利期待的心理，进而吸引他们来到下一场直播中。

2. 短视频内容直播预告

短视频内容直播预告是指通过拍摄短视频，在内容中强调直播时间，从而将用户引流到直播间的一种形式。这类的短视频需要提前设计好视频的脚本，主播最好要出镜，具体分为两种方式：

第一种，主播在视频中展示产品痛点，将产品的优点放大化，并且强调活动福利。例如，"这条拖地西裤穿上既显瘦又显高，今晚直播间只卖99米。"

第二种，拍摄剧情段子，这类的直播引流短视频注重剧情设计，需要主播用带有演绎的形式来展示直播的信息点和时间。这对主播也具有一定的要求，需要主播自信大方、富有表现力，自然地将剧情表现出来。这种类型的短视频预告内容，曾经的抖音"带货一哥"做得就非常好，每条视频的点赞量和互动率都比较高，为他的直播间吸引了很多流量。

（二）短视频引流

虽然如今众多的商家、品牌进入短视频平台的目的就是为了直播带货，但是绝对不能忽视视频内容的重要性。因为短视频平台起初的定位就是以内容为主，也正是如此才吸引了众多的短视频创作者和用户。所以若想要直播间的流量变多，可以通过拍摄精细的短视频内容为直播间引流涨粉。

这里要和前面提到了关于短视频内容直播预告的引流形式，加以区分。短视频内容直播预告引流的主要目的非常明确，就是引导用户记住开播时间，并且准时进入直播间。而短视频内容引流，虽然最终目的也是为直播间进行引流，但是在视频内容制作的程度上要更加用心和精细。通过打造爆款视频内容与用户产生较强的粘性，当用户在视频推荐页刷到此条视频时，会因为该视频内容优质从而进入到进行中的直播间。通过两者的比较可以发现，虽然两个都是通过短视频内容的形式进行引流，但是前者的目的性较强，内容制作短小精练以提示用户进直播间为主；而后者是利用主播的强人设，以优质的视频内容与粉丝形成较强的粘性，在吸引新粉的同时不断巩固老粉。

通过这种爆款视频引流，需要注意以下几点：

1. 拍摄短视频内容的主播要和直播间带货主播保持一致，不能随意更换主播。因为只有主播一致，才会吸引用户从短视频进入直播间，即使是带货主播，也有部分用户是因为单纯的喜爱主播才在直播间产生消费行为的。

2. 强化主播人设。主播在短视频内容中的人设要么与直播间人设保持一致，要么与直播间形成正面的反差，也就是"反差萌"。但无论是哪一种都要在视频内容中将它突出，形成自己的特有标签，这样才足够吸引人。

3.视频内容与直播带货既要有关联性,同时也要创新,以求新颖。例如,抖音中某个帮助农民卖水果的账号,他的视频内容主要拍摄他与农民合作的过程。整体讲述的是他热心帮助农民售卖水果,并且不压低他们价格,所有的视频都保持这种风格。这样的形式将主播的人设打造得很成功。看完视频后用户们都会被他这种淳朴善良、热心帮助农民的人设所吸引,从而进入到直播间去支持购买他所售卖的产品。

所以主播在拍摄视频内容时可将产品背后相关的故事用短视频的形式呈现出来。例如,服装行业可以展示其加工厂,水果、海鲜产业可以展现原产地,带货类的主播可以展示如何选品,专业性较强的产品可以用视频形式进行专业知识科普。这样的视频内容不仅更够凸显主播的专业性,同时还能增强用户的信任感。用户会认为该直播间的产品是有保障的,从而更容易被引入直播间中去购买产品。

(三)站外内容引流

除了短视频平台,部分品牌商家还建立了自己的私域。这时可以制作带有主播形象的海报,将直播时间、产品卖点、活动福利展示在海报中,然后定期在社群中进行发布,将社群中的粉丝活跃起来,引入到直播间中。还可以发挥主播的个人魅力,可以让主播在个人的多个平台发布直播消息,这样也可将其他平台的用户引入到直播间。

(四)明星造势

一些大品牌商家在开播初期和某些节日节点上会请明星做客直播间,为直播间引流。这也是一种简单快速为直播间引流的方式。但是当明星做客直播间时,主播依旧要起到主导作用,不能因为明星的到来而将主导权交给明星,这样的做法是不正确的。因为明星不是专业的带货主播,对于商品不够了解,很容易在直播种翻车,所以在直播过程中还是要以主播为主销售商品。

其次,在直播前主播要与明星进行沟通,准备好一些简单的话术给到明星,让他来配合主播讲解产品,起到辅助的作用。

最后主播还要提前做好功课,大致了解一下做客直播间的明星资料。这有利于在直播过程中的互动,以避免出现无话可说的尴尬情况。

(五)付费推广引流

付费推广就是在直播间中使用 DOU+、小店随心推、千川等投放产品对直播间进行投放引流。这种方式是直播间引流最为便捷和快速的方式,但同时也意味着要消耗更多的成本。这时就要根据品牌和商家的能力量力而行了。付费推广并不是简单粗暴地花钱即可,而是需要专业的运营人员来操作,根据直播间现有的状况选择使用不同的投放产品和形式对直播间投放,使直播间的投入产出比达到一个合理或较高的数值。

对于主播而言，当直播间被推广后，直播间会在短时间内迎来人数峰值。当面对突然涌现的大量流量时，主播要具备足够的能力来应对这些流量，保持冷静和理智，不被打乱节奏。在讲述产品卖点的同时，积极与刚进入直播间的用户进行互动，引导用户关注直播间，并抓住时机使用福袋、抽奖等福利将流量留存下来。

四、直播间增加人气、涨粉的技巧

主播是直播间中唯一直接与用户沟通交流的人，用户进入到直播间第一眼看到的画面也是主播。所以若想提高直播间的人气，吸引更多的粉丝，主播需要充分发挥自己的作用。另外，直播间的内容、视觉效果以及福利活动也是影响直播间人气的重要因素，不可忽视。

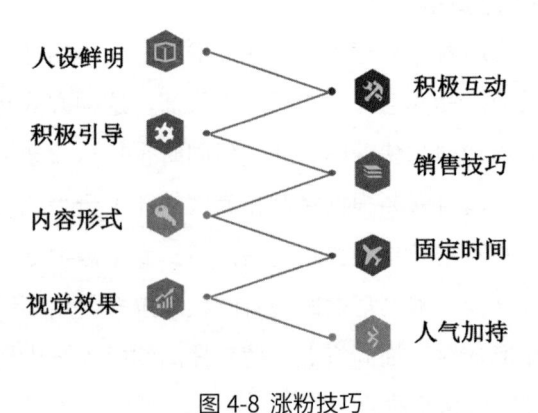

图 4-8 涨粉技巧

（一）主播人设要鲜明

我们常说当前的直播电商是以"人货场"为主的电商模式。它与图文电商最大的区别就是拥有"人"，即带货主播。主播能够迅速拉近与用户之间的关系，使彼此之间不再是冰冷的、纯粹的售卖关系。也正是因为有了"人"的存在，使更多的用户开始喜欢并沉浸在直播间中购买、消费。

但如今平台上的直播间和主播众多，若想让用户进入到你的直播间，并且长时间地留存下来，最重要的一点就是要打造鲜明的主播人设。

鲜明的主播人设需要主播根据直播间的类目、粉丝画像以及个人的性格特点来量身打造，同时还要具备记忆点、闪光点、差异化这几个要素。

记忆点可以是一句自己的专用语，也可以是形象的肢体语言，或者是丰富的表情神态等。总之，就是达到让人迅速记住的效果。

闪光点即打造主播的人格魅力。打造记忆点是为了用户在短时间内迅速记住主播，留下深刻的印象。如果只有记忆点没有闪光点，则不利于长期吸引用户，粉丝粘性不强，因而主播要不断提升自己的人格魅力。主播的人格魅力可以体现在专业的销售技巧上，也可以体现在个人才艺或者性格特点上。总之，主播需要根据自己的特点，将自己所擅长的发挥到极致，从而形成自己的闪光点，吸引更多用户持久地关注直播间。

例如，抖音平台中某个夫妇直播间，在 2021 年 10 月份他们的粉丝达到了 5000 万，每次直播时人数都能达到十几万。他们的直播间为什么能拥有如此高的人气呢？因为他们夫妇两个人非常地真实，从而获得了大量粉丝的信任和青睐。他们会因为有人质疑演示洗衣液功效的水中添加了漂白水，而在直播中现场直接喝掉水盆中的水。这一举动瞬间为当时的直播间增加了大量的人气，直播的弹幕上也全部都是"支持他们与信任他们"的评论。通过这个案例也足以说明主播拥有自己的人格魅力是非常必要的。当用户面对众多直播间时，会毫不犹豫地选择有魅力主播的直播间。

主播人设的差异化就是打造出有自己风格和特色的人设。平台中有相似人设的主播很多，用户会有先入为主的习惯。如果你不是第一个打造这类人设的主播是很难让人记忆深刻的，跟风和模仿只能蹭到短暂的流量，而不能获得长远的利益。主播在前期打造人设时要先做竞品分析，以达到求同存异的效果。差异化的效果可以从主播的话术、外在的形象、性格特点等方面打造。

例如，在某个售卖茶叶的直播间，主播不同于其他主播在直播间心平气和地向粉丝介绍产品，而是利用非常夸张的动作和编辑成顺口溜式的语言介绍茶叶，并且在介绍产品的过程中还会进行唱歌、跳舞等才艺展示。因此他的直播间人气相比其他同类直播间人气要高一些。这种主播人设看起来更像是娱乐主播的风格，然而该主播正是利用了带货主播普遍严肃正经的这一特点，将自己原本的带货主播人设与娱乐主播人设相结合，让自己与其他主播形成了差异化，增加了有趣点。

最后，打造鲜明的主播人设除了要具备以上记忆点、闪光点、差异化这三个要素外，还需要主播在直播间中不断强化自己的人设，运用语言、动作、演绎等方式将自己的人设鲜明地展现出来，让进入到直播间的用户快速地被吸引。

（二）主播要做好互动

在直播过程中，主播与用户的积极互动可以增加用户在直播间的停留时长，提高主播与用户之间的粘性，从而提高整个直播间的人气。

直播间中的互动玩法有很多种，主播可以利用以下方式进行互动：

1. 利用弹幕进行互动

弹幕是直播间中主播与用户唯一的沟通渠道，直播间用户的反馈都会集中体现在弹幕中。所以主播一定要充分利用好弹幕，时刻注意弹幕内容，将弹幕的作用发挥到最大化。

首先，主播要及时回答弹幕中用户提出的问题，如产品质量、尺寸大小等。面对与产品相关的问题，要尽可能做到全面答复。这样会使用户感受到存在感，同时提高产品的转化率。

其次，主播也要主动出击，可以在直播间中提出一些与产品相关或与近期热点事件问题,让用户把答案打在弹幕上。这样的方式极大地提高了那些本身不够积极活跃的用户的积极性,激发他们的互动欲望。

最后,还可以利用弹幕进行刷屏造势,让刚进入直播间的用户产生"群体效应",从而吸引更多的用户停留在直播间中。

2. 利用肢体、面部语言互动

大多数人认为直播间中的互动只是简单地回答弹幕问题,这种看法是片面的。弹幕是用户唯一的互动渠道,而对于主播却不是,主播不仅可以通过语言来回复弹幕中的问题,还可以使用自己的肢体语言反馈。例如,弹幕中问主播身上的衣服质量时,主播可以一边使用语言描述,一边用一些"撕、拉、扯、拽"等夸张的动作向用户展示。这样不仅形象还更容易使用户直观地看清楚衣服的质量。

另外,在卖食品类的直播间里,主播可以通过自己的试吃,向用户传递食物的味道感觉。这时主播可以让自己的表情丰富一些,夸张地将食物的酸甜苦辣展现出来。这样用户即使是隔着屏幕也会有一种切身的感受,从而增加与主播的互动。

3. 利用游戏互动

带货直播间相较于娱乐直播间互动性不强的原因是带货直播间的娱乐属性不强,无法吸引更多人参与其中。如果想要加强直播间的互动效果,提高直播间的人气,可以让带货主播适当进行一些游戏活动。

例如，主播在展示小龙虾时，可以将不同口味的小龙虾放在桌上，然后与团队人员配合一起吃小龙虾，让用户猜测是谁吃到了爆辣的那一款小龙虾，猜对的用户可以随机获得一些小礼物。通过这种方式不仅可以调节直播间的气氛，调动用户的参与感，同时更能吸引用户购买商品。

4. 多使用感谢话术互动

感谢话术的互动，更倾向于主播与用户心理上的互动。当主播在直播间感谢用户时，用户或许不会在弹幕中流露情感，但是会在心中感受到主播的用心和温暖，从而增加用户与主播间的情感，增强粘性。

（三）主播要积极引导

在直播的过程中，为了提升直播间的人气，主播还要积极地引导用户。每个用户的观看心理都不同，当主播面对不积极主动的用户时，可能需要引导话术才能使其进行下一步动作。主播在引导用户时主要从以下几个方面进行：

1. 引导用户关注直播间；
2. 引导用户点亮粉丝灯牌；
3. 引导用户购买产品；
4. 引导用户互动；
5. 引导用户停留在直播间。

当主播在做以上引导动作时，可以参考前文中我们讲到的引导话术，利用有效的话术做引导可以使引导效果事半功倍。

(四)主播要掌握销售技巧

带货主播的本质是在直播间中销售产品,提高直播间的产品变现转化率。若想提高直播间的人气还需要回归本质,也就是提升主播的销售技巧。能够进入带货直播间的用户大部分都对产品有需求,有消费心理动机。这就需要主播利用促单、逼单、憋单、商品卖点话术等销售技巧将用户留在直播间,让用户对产品产生兴趣,看到主播的专业能力后对该直播间产生好感和信任,进而成为直播间的粉丝,直至完成购买行为。

(五)打造优质新颖的直播内容及形式

如今各平台上的带货直播间、带货主播数不胜数,若想做到直播间高人气、多粉丝,就要打造优质的直播内容,创造新颖的直播形式。在这个内容为王的泛娱乐时代,人们的注意力很容易被分散。而好的直播内容和直播形式就是重新聚拢消费者注意力,成功吸粉的最佳利器。

在 2021 年 8 月,抖音平台某个直播间依靠蹦迪带货,销售额超一千多万元,并且都是低客单价产品。这个直播间充分抓住了短视频平台的用户心理,将直播间打造成年轻人喜爱的娱乐方式;四个漂亮年轻的小姐姐在直播间边蹦迪边带货,使直播间的人气一直居高不下,为此还引来了许多模仿者。关于直播的内容和形式如何打造,这需要主播和团队的人员在开播前进行仔细地研究,可以根据主播的人设、行业类目的特点,以及粉丝用户的心理进行思考与布设。

（六）固定直播时间

除内容外，固定直播时间也是帮助直播间增加人气的重要技巧。现在各式各样的直播层出不穷地出现在各个平台中，导致用户的流动性很大。若想要直播间一直保持高人气，就需要固定直播时间，固定直播次数，确保直播时长。

固定直播时间可以有效培养用户的观看习惯，让用户到了直播的时间就有意识地进入直播间，从而提高用户的粘性，不易使用户流失到其他直播间。

直播次数和直播时长原则上是次数越多且时间越长越有利于直播间人气增长。一方面，多次长时间的直播，平台会判定为活跃的直播间，会提高直播间的权重，从而给到一些流量的倾斜；另一方面，直播间占据了各个时段，被用户刷到的几率会增加，人气自然也会提高。

除了直播次数和直播时长外，主播在选择直播时间时也要有所注意。平台中有三个人数峰值时间段是：早上的七点至九点，中午的十二点至下午两点，晚上的七点至九点。而一般知识类的账号在白天直播效果较好，卖产品和泛娱乐化的直播在晚上直播效果较好。因此主播可以根据自己的类目，选择合适的时间段直播并做好直播预告，这样可以有效保证直播间的人气。

(七)布置高质量视觉效果的直播间

如果说直播间中的主播相当于线下门店的销售员,那么直播间布置的场景就相当于线下门店的环境。影响线下门店有无客人的首要因素就是门店的环境。门店干净整洁、明亮宽敞,自然就会吸引众多的顾客;门若店狭窄、昏暗,则一般会将许多客人"拒之门外"。

同理,在直播间中也是一样,高质量视觉效果的直播间可以使进入到直播间的用户眼前一亮,进而增加用户对品牌商家的好印象。若直播间呈现出来的效果模糊、货品摆放杂乱等,给用户的第一直觉会认为这是一个"小作坊",从而离开直播间。

因此在布置直播间时,主播首先要注意背景墙的选择,直播间的背景墙最好以浅色、纯色为主。

其次,若直接在房间中直播,应该尽量选择在房间的直角弯处直播,这样在视觉上会使空间看起来更为宽敞,呈现出来的效果也更显舒服、规整。

第三,陈列货架。陈列货架要摆放工整,井井有条。如果是服饰货架,可以摆放几件服饰在货架上,其余的不要出镜,避免杂乱。美妆类的陈列货架更要注重干净、整洁,不要堆积,要将产品有序地摆放在主播面前,这样也方便主播对产品进行讲解,避免出现混乱的情况。

第四,灯。一个直播间中除了适当的装饰和合理的规划外,最重要的就是灯光。直播间中的灯光也十分多样,要根据主播的肤色和产品类目的特点选择合适的灯光,一方面可以提升主播的形象气质，另一方面可以打造明亮的直播间。例如，服饰类和美妆类的直播间更适合白光，美食类和家居类的直播间更适合暖光。

（八）用福利活动做人气加持

在直播间中除了使用投放产品对直播间进行加热外，利用福利活动是短时间内增加直播间人气的最有效方式。面对各种免费的福利，大多数用户都是抵挡不住诱惑的。目前直播间主要使用红包、福袋、弹幕抽奖、一元秒杀这几种福利形式来增加直播间人气。

以上这四种福利形式在直播间中的具体作用有以下几个：

1. 可以直接吸引众多的流量进入直播间。当用户看到直播间有福利活动时，不仅自己会停留在直播间，同时也会分享给身边人。再有，当有了一定量人数时，直播间就会被系统推上热门，从而形成良性循环，吸引更多的流量。

2. 增加用户在直播间的停留时长。像福袋和红包都是有领取时间的，用户在直播间参与了福袋活动后，要一直停留在直播间，等待福袋开奖，若中途离开直播间则会失去机会。因此很多用户会为了等待福袋开奖，便一直停留在直播间。这样就提高了直播间用户的平均停留时长。

3. 可以迅速将直播间中的用户转化为粉丝。有些直播间中的红包、福袋会设置成关注直播间或点亮粉丝灯牌才可以参与福利活动。所以很多用户为了能够参与福利活动会关注直播间，或不惜花费一抖币点亮粉丝灯牌。这种方式可以使直播间的粉丝迅速增加。

例如，2021年10月20日，抖音平台某明星直播间，利用弹幕随机抽取用户送苹果13和福袋，而送苹果13这个福利，使直播间用户在半夜十二点达到了42万人。还有抖音平台中某夫妇通过在直播间中送奇瑞汽车，使直播间人数峰值达到了72万人。由此可见，用福利活动做直播间人气的加持是最为直接和有效的方式。

以上8种就是主播可以有效增加直播间人气的技巧。但无论使用哪种技巧，都要记住直播间的人气是需要日积月累积攒的，很难一蹴而就。所以主播在提升自己专业能力的同时也要拥有耐心，不可半途而废，要懂得"锲而不舍，金石可镂"的道理。

第五节

提高直播转化：
快速精通直播销售技巧

从本质上来讲，带货主播扮演的是一位销售员的角色。因此想要提高直播间转化，直播中的销售技巧是带货主播必备的专业能力之一。

一、直播销售基础准备

每一场看似简单的直播，其实都需要前期大量的准备工作和整体的统筹作为支撑。由于直播的实时、真实性，只有前期把各个环节需要的物料准备好，把可能发生的状况做出准备预案，才能最大程度上保证直播带货的过程顺利进行。

（一）直播间包装
1. 场地布置

直播间场地通常包括背景板、灯光、提词器、主/副机位、中控台等模块。一般每一场直播都会有一个主题，例如，

"美妆专场""零食专场"等。在场景布置方面要注意两点：场景化和生活化。也就是说通过直播间的布置，尽量给镜头前的消费者营造一种"沉浸式"购物体验。

2. 主播妆容

主播作为整场直播的核心人物，是出镜最多的人物。主播的妆容形象要在做到精致淡雅的同时，尽量与其个人 IP 人设形成统一。因为从直播间用户构成来讲，主要包括短视频账号粉丝、直播间引流粉丝、短视频算法推荐粉丝等几种类型；所以主播妆容与短视频人设要保持统一，避免粉丝出戏，从而造成直播间用户流失甚至掉粉。

3. 主播服装

主播服装与主播妆容同属于主播形象层面，在保证主播着装大方得体的同时，可以在服装风格上寻找差异化，以符合直播主题。例如，卖宠物猫粮的美女主播可以戴一个猫咪发箍等，在形象上寻找差异化，突出创意性；也可以增加直播间话题性，调动粉丝兴趣起到吸引用户停留的作用。

（二）商品准备

商品是直播带货最核心的内容，主播一定要对自己所卖的商品足够了解。

1. 清点商品

经过前期选品确定本场直播商品清单后，在开播前要确认样品齐全、货品对版，保证直播间样品和用户收到的货品一致。同时还要检查商品链接物料是否齐全，以保证直播期间商品能够顺利及时地上架。

二、冲动消费下的机会点

直播电商的兴起，大大缩短了消费者的决策时间，主播激情的讲解和超大力度的优惠加持，也时刻都在挑动着消费者的购物情绪。主播需要在短时间的讲解中吸引用户的兴趣，引起下单的欲望，用户的抢购、消费行为，其本质是一种冲动消费。那么在这种冲动消费的环境下，又是哪些因素让消费者变得"冲动"呢？作为主播及运营团队对此又有哪些工作重点呢？这里我们从以下几个特点进行分析：

(一) 品质

我们知道与冲动消费对应的是理性消费。理性消费的核心标准是需求，需求足够大才买，没有需求则不买。但是当直播间商品有足够强大的品质背书的时候，消费者往往会忽略需求而冲动下单。这就要求主播及运营团队在享受用户冲动消费带来收益的同时，要严格保证商品品质。

(二) 功效

降低用户理性消费的因素还有功效。我们会经常在抖音上看到一些新奇、好用的爆款小商品，例如，神奇的宠物粘毛刷、一喷就干净的洁厕泡沫等，它们让人眼前一亮的功能效果，往往会让人忍不住立刻下单。

(三)性价比

让消费者最不理性的因素就是性价比。大多数人对于商品的价格最为敏感，直播电商的一大优势就是极短的商品流转链条带来的低价优势。很多直播间能够做到比电商平台、代购还要便宜一大截，直播间用户在主播一次次"买一发三、买正装送同等含量小样"等内容的刺激下，很难说服自己冷静下来，生怕错过如此优惠的机会。

(四)品牌

商家通过直播与消费者进行实时互动，商品的触达率高，极大地解决了消费者的决策顾虑，缩短决策时间，提升转化效率。许多品牌抓住了直播电商的渠道红利，通过不断打造品牌形象，为品牌商品进行品质背书，进而在直播间实现了品牌的突围、迭代或重生，并最终在销售额上达成量级突破，如花西子、完美日记、小仙炖等。

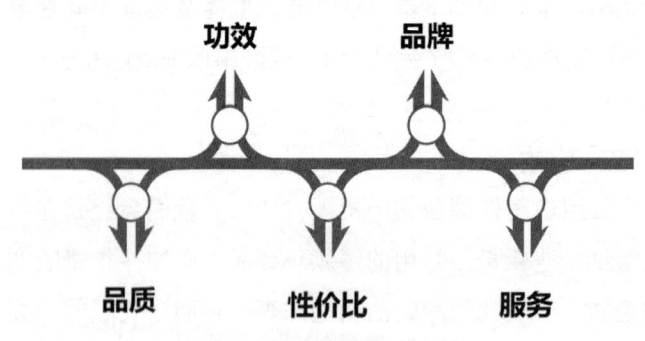

图 4-9 冲动消费下的机会点

(五)服务

降低用户理性消费，为冲动消费保驾护航的杀手锏就是服务。如果一个人在直播间已经被商品品牌、功效、品质、性价比所折服，还迟迟没有下单的话，那一定是他仅存的一丝理智在告诉他"买完可能会后悔"。如果这时主播告诉他"7天无理由退换货""免费赠送运费险""货不对版赔双倍"等，这样几乎就会消除他最后的一丝顾虑。

因此，主播和运营团队可以利用这些因素有针对性地对用户进行引导购物，从而提高销量和收益。但更重要的是以诚信为前提，保证商品的品质和服务，让说出的每一句承诺都变成用户实打实享受到的实惠。

三、产品卖点提炼——FABE法则

产品卖点提炼能力是直播带货主播的必备能力之一，也是衡量主播能否带得动货的一个非常重要的指标。主播在直播的时候经常会面临一天上架几十款产品的情况，如何才能快速对大量不熟悉的产品进行卖点提炼呢？今天我们来讲一讲产品卖点提炼的万能法则——FABE法则。学会这个法则，就可以对产品卖点的提炼信手拈来，进而在直播的时候形成自己的一套言之有物的卖点话术，留住观众，提高成交率。

FABE法则——F指的是features特点；A指的是advantages优点；B指的是benefits利益，给潜在消费者带来的好处；E 指的是 evidence 证明，也就是客户见证。

F features 特点
B benefits 利益
A advantages 优点
E evidence 证明

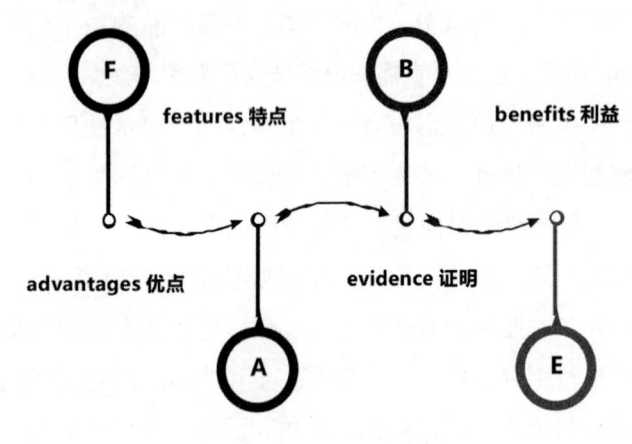

图 4-10　FABE 法则

比如，直播中要介绍一款保温杯，用 FABE 法则可以这样进行卖点提炼：

F（特点）：家人们，天气渐渐转凉，秋天的第一个保温杯你 get 了吗？我们今天要上架的这款保温杯，一键开合，真空保温 12 小时以上，一觉醒来早上还能喝烫水。这款杯子用的是钢琴烤漆的涂层，颜色用的是棕色超厚的缸体。

A（优点）：钢琴烤漆的涂层不容易掉色，耐划，抗腐蚀；缸体非常厚，保温效果更好，也更加耐摔；而棕色的设计显得沉稳大气更加上档次。

B（利益）：这款杯子非常适合商务人士出差使用，在平时出差的时候拿着它不用担心会划伤漆面，更不用担心掉在地上摔坏。另外，像平时说话比较多的销售、教师，更应该人手必备，因为它超强的保温效果能够让您经常喝到热水，保持日常饮水的需要。

E（证明）：我一直都在用这款杯子，感觉非常好。这款杯子在我们某平台上的订单已经卖了1万多个了，好评率99%。某培训公司的讲师团都在用这个杯子。我这里还有照片……

通过以上示例可以看到，原本冰冷的商品数据，在套入FABE公式之后，变得更有条理和说服力了。特别是对于新手主播，当你面对陌生的商品，在直播过款的时候，就不用担心没话可说，出现冷场了。

四、常见的促单方式

一个优秀、成熟的带货主播领先于其他主播的核心能力不仅仅是娴熟的话术，更重要的是他们强大的气场和内心。优秀的主播在直播中自始至终掌控着整个直播的节奏和直播的走向，持续高强度地输出，牵动和引导消费者跟着主播的节奏去了解商品，从而使消费者打消顾虑，下单购买甚至是抢购。我们将主播的这种销售能力称为"促单"。

每位主播的个人魅力和直播风格不同，促单方式也不同。不过，我们依然可以将常见的促单方式归纳出来，一般分为引导购物、场景联想、活动支持、断货促单、制造从众心理等几种方式。这几种方式又是互相关联、互相促进的。

(一)引导购物

引导购物,是促单中最基础的方式之一,主要就是利用商品、引导、互动等话术,引导用户对商品产生兴趣;同时通过"先领券,再下单""记得填好地址"等行动指向性语言,去引导用户跟随主播节奏,最终产生购买行为。

(二)场景联想

场景联想主要是利用用户购买商品下单前的犹豫心理,帮助不同用户群体想象商品的使用场景,进而突出商品在生活中的必要性。例如,"强烈建议孩子在10岁以下的宝妈购买这款包包,因为它的收纳功能不仅非常强大,而且非常轻便,奶瓶、纸巾、零食等都可以装进来。带宝宝出门再也不用发愁东西太多,肩扛手拿好几个包了。"有了这样的一段场景描述,宝妈们立刻就会直观地感受到这款包所带来的便利,用户也就毫不犹豫地下单了。

(三)断货促销

断货促销就是通过时间维度进行促单,我们也称之为"饥饿营销"。例如,"今天限量1000套,1分钟后上架,大家做好准备",并通过倒计时营造紧迫感。或者在商品上架后实时播报销量和剩余库存。例如,"今天一共1000套,现在还剩50套,赶快下单,马上就要没有了,后面想买买不到。"总的来说,就是利用断货、限量的方式督促用户下单。

(四)活动支持

直播电商的性价比是一项绝对优势,在直播促单中通过强调活动和优惠的力度,以及活动时效性来促进用户下单,也是最常见的促单方式。例如,"本次活动的折扣非常大,可以说是全网最低价,而且活动仅此一天,明天一律恢复原价,所以家人们一定要把握机会。"

(五)从众心理

从众心理是大多数人普遍存在的心理状态。当对某件商品或某个选择犹豫不决时,潜在用户便会选择看看其他人的决定,从而跟随大多数人的选择。优秀的主播在直播过程中往往会充分利用用户的从众心理,通过告知大家"已经有多少人下单了,这么多人都选择这款产品肯定不会错""已经下单的请扣'已下单'"等方式给还未下单的用户造成一种"大多数人都买了,我也应该买来试试"的想法。

直播中的促单方式远不止这些,需要主播在实践中不断摸索,锻炼自己强大的节奏把控能力,努力做到游刃有余。

五、促单注意事项

直播间促单作为直播中非常重要的一个环节,既可以提高成交效率,同时可以在粉丝心中留下良好的印象,为日后的回购做好铺垫。那么,我们在促单时有哪些事项需要注意呢?

(一)捕捉成交信号

在销售的成交阶段,主播若想快速达成最终的成交,就要抓住用户表现出来的各种成交信号,引导用户购买心理活动逐渐走向明朗化,从而促使成交。

粉丝的成交信号可分为以下几种:

1. 用户主动询问关于产品的详细信息及细节;
2. 询问价格、折扣等问题,并且开始讨价还价;
3. 向主播或者其他粉丝提出参考意见;
4. 肯定或赞同主播,对产品表示欣赏;
5. 用假设的语气来询问自己的问题,"如果收到货后……""要是买回家后……"等;
6. 询问包装、规格以及发货时间、限制条件、售后、物流、储存、保管等细节问题。

我们需要根据不同的情况来具体分析,只要主播在直播间中有意识地捕捉粉丝发出的相关信号并且予以技巧性地引导,就可以顺利促成成交。

(二)打消顾虑

在线上销售的过程中,用户见不到实际的产品,总会有疑问,对要购买的产品犹豫不决,这种用户被称为疑虑型用户。主播要做的就是给这类用户吃一颗定心丸,来消除其疑虑,我们可以用到以下技巧:

1.提前列出消费者疑虑的问题并准备好有效答复方案，以迂回潜在用户消除疑虑；

2.恢复用户的购买信心，经常有用户在决定是否购买时开始动摇，主播此时需要强化用户的购买信心和勇气；

3.适时地给用户建议，创设多种使用场景，强调使用感受。

在销售中，无论用户有什么顾虑，主播都应该把打消用户顾虑作为一项重要内容来看待，以防止已经有购买欲望的用户流失。

（三）价格锚点

所谓的锚点，就是在用户的认知中打上一个印记，来作为参照物。我们要根据自己直播间的销售场景，明确用户看到我们的产品后会联想到什么，或者是会拿什么东西作为我们直播间产品的参照物，从而提前建立一个锚点，合理影响消费者的内心认知，辅助我们完成产品促单。例如，线上产品和线下产品的价格对比，套餐A与套餐B价格的对比，老款包装与新款包装的对比等。

对于直播来讲，讲解清楚产品的卖点、激发粉丝的购买欲是基础，而提升销量的临门一脚就是刺激促单。因此一定要提前设计好促单话术及活动，避免临阵慌乱，只有未雨绸缪，才能有条不紊。

六、"憋单"和"逼单"的方式

作为一名带货主播,"逼单"和"憋单"是整个销售业务过程中非常重要的一个环节,也是我们必须要掌握的销售技能。

(一)常见的憋单流程

1. 定憋单商品

我们经常说"低价憋单",很多人以为上个9.9元的商品就是憋单款了,那你就走入误区了。其实憋单款不在于价格是否低,而在于用户是否能够感受到自己占了大便宜。所以我们在选择憋单款的时候,不要选择冷门的东西,最好选择一些大家都熟知它的市场价的商品。比如,我们常见的大主播们最喜欢拿苹果手机憋单。因为大部分人都熟知苹果手机的市场价,而且它的价格在平时基本上没有什么波动;而在你的直播间,这款手机肉眼可见地低了一千块钱,买到就是赚到。通常在这种情况下,用户们都会选择停留等待。

2. 定玩法,憋人气

根据自己直播间的实际情况,设定目标。比如,到了多少人气,就放多少量的库存,运营通过投流引进第一波流量后,主播通过憋单话术和活动引导观众留存,来不断把人气拉高。一般来说,当直播间互动率超过50%以上,憋单品就可以上架了,憋单时间尽量控制在5~10分钟以内。憋单款放完之后立马上承接款进行销售，如此往复，整个过程呈螺旋递增的模式。

3. 上承接款商品

憋单款被秒完之后必须快速引导至承接款。因为承接款才是我们的利润款，前面所做的一切憋单准备都是为了卖出更多的承接款。能够让用户在憋单款秒完后依然停留在直播间，才是我们的主要目的。因此，这个过程一定要策划好。

（二）常见的逼单方式

1. 限量赠送成交法

为了促使粉丝尽快成交，可以用限量赠送的方式来进行逼单。例如，"现在直播间2000人，我们今天只送前100名下单的粉丝等价的礼品，注意是等价哦，买多少送多少！"

2. 倒计时逼单法

利用倒计时的方式营造紧迫感，最好让助理以及直播间的其他工作人员一起喊出气势，从而刺激粉丝，以加快销售转化。例如，"倒数5个数，5（让助理配合说，礼品还剩80单），4（让助理配合说，还剩50单），3（让助理配合说，没了没了）……"

3. 画饼联想法

画一个大饼，让观众联想自己下单这个商品后的具体情景，可以是实用方面的好处，也可以是精神上的愉悦。

例如，"这款面包机放在厨房，省时省地，购买了这款面包机后，几分钟就能做出热乎乎的早餐，家里的孩子再也不用去超市买冷面包吃了……"

4. 本次最优法

在逼单过程中，一定要告诉观众，此时此刻在此直播间，这次活动就是最优惠的，不会再有更划算的了，以此消除观众"下次买也行"的心理，如果加一个具体的时间限制会显得更加真实。例如，"我们接到通知，接下来半年内这款产品都不会有这么优惠的活动了，喜欢我们产品的家人们，今天一定要拿下，甚至要多囤一点，不然一定会后悔的。"

（三）逼单的具体步骤

步骤一：在公布最终价格前，要充分调动用户的兴趣与好奇心，可以让他们说出自己的心理预期价格。公布的价格如果超出预期，用户就会感觉到"物超所值"，下单就变得很容易了。

步骤二：再次强调促销政策，如限时折扣、前××名下单送等价礼品、现金返还、随机免单、抽奖免单、七天退换货、包邮等促销活动，使用户的热情达到高潮，催促用户集中下单。

步骤三：实时播报销量和剩余库存，营造畅销场面，同时不断给用户输出产品的功能、价格优势以及此次直播的促销力度，通过倒计时迫使用户下单，强调错过这次后面买就没有这么划算了。

（四）憋单与逼单的注意事项

不管是憋单还是逼单，都是增长直播间销量非常有效的方式，但是一定要注意规避平台规则。由于这类方法需要带动观众情绪变化，同时也存在着一定的风险，很容易引起一部分观众的反感，举报我们是做虚假宣传。

因此，无论我们在哪个平台直播，都要注意平台的最新规则。比如，抖音平台近期为了避免主播长时间憋单的恶意营销行为，接连发布了一些违规营销的细则。带货主播对类似的规则制度一定要仔细研究，加以注意，因为那是决定我们能否在平台长足发展的决定性因素。

第六节

优化直播数据：
利用直播复盘趋利避害

直播复盘是指在一场直播结束后，我们要通过直播数据、主播表现、团队协同等各方面对每个阶段的工作进行分解，以发现问题并提出解决方案，积累更多的经验，从而为以后的战略决策、细节优化、主播各方面表现提供更多有价值的建议。

一、直播复盘的价值

（一）强化目标

直播工作内容繁杂，很难通过最终结果直接判断某个成员的工作是否到位。因此我们需要通过复盘，不断设定目标并达成目标，重设目标并突破目标。长此以往，便可以强化整个团队的目标意识，既增加了团队的凝聚力，又有助于团队工作人员工作的量化，方便跟进进度。

(二)工作流程化

在直播过程中,我们往往会利用到一些带货的技巧或直播的方法,也可以称为直播的"套路"。正因为有了这些"套路",有时可以起到事半功倍的效果。但是很多方法并不是唯一的,也不是固定的,不同类目、不同主播、不同直播间都是有所差异的。因此我们只有通过对自己的优劣势进行分析,才能不断摸索出最适合自己的直播方式。而复盘回顾就是让我们找到最适合自己的直播方式,以便开展后期的工作总结,使工作标准化、流程化。

(三)避免失误

复盘能够带来最直接的价值就是将不足之处不断优化。我们在复盘回顾的过程中,或许会发现直播中存在的失误,可能是主播的个人失误,也可能是团队协调不当出现的失误……总之,对于失误的部分要进行详细记录,并且给出解决方案以进行改正和优化。这样才能避免重复犯错,从而使每次直播都比上一次进步些。

(四)复制技巧

错误不能重复犯,但技巧是可复制的。我们在复盘中往往存在一些误区,就是单纯地找失误、提问题;而忽视了在直播过程中一些可圈可点的方法与技巧,忽视了从中汲取与复制成功的经验。例如,在一场直播中,主播在介绍产品时,运用了一些小技巧,而在复盘过程中我们发现这个技巧对于促单起到了很大的作用。那么，这一方法就应该被成功复制。

（五）经验转化为能力

在每一场直播中，主播都会应对不同的特殊状况，并需要做出不同的应对方式。我们通过复盘对主播解决问题的方式方法进行分析总结、记录案例，能帮助主播在直播中遇到紧急状况时沉着应对。而在主播不断积累经验的同时，这些经验也会逐渐转化为主播个人的能力。

二、直播复盘的三个方向

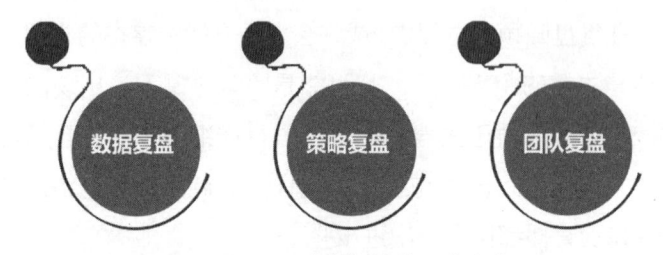

图 4-11　直播复盘的三个方向

（一）数据复盘

数据往往能最准确、直观、清晰地呈现出一场直播中所突出的优点或存在的问题。因此数据分析是在整个直播复盘中起着基础性作用的关键步骤。一场直播下来，各类数据繁多，主播要想精准复盘直播，以下六项数据不得不注意：

1. 直播销售额

销售额是直播间主播的核心指标，统计时最好可以把退换货的数据剔除，然后综合分析每天、每周、每月的数据走向，评估每个主播的带货话术、优势产品等。通过直播间每个品类的销售情况及销售额数据的变化，尽快调整策略，才能保证直播数据的稳定性，争取最大的产出。

2. 直播观众总数

直播观众总数，代表直播间对观众的吸引程度。一方面，通过分析不同渠道的流量，优化引流策略，结合我们的直播目标进行针对性投放；另一方面，通过分析人数趋势变化，了解哪个时间段观众最多、效果最好，便于调整开播时间，优化直播的流程与形式。

3. 直播间观众停留时长

让用户留在直播间，远比让用户进入要难。观众停留时长的指标，主要考核的是主播的控场能力以及内容的吸引力，尤其是没挂购物车的直播间。这也是平台决定是否给流量推荐最重要的指标。当然，让观众留在直播间，不是我们的主要目的，还是需要不断优化直播间，达到更好的转化效果。

4. 新增粉丝团人数

一场直播下来，粉丝转化率的高低，也是可以衡量你的直播间能不能抓住粉丝的胃口，有没有足够吸引力的依据。如果仅仅是关注账号，粉丝仍然是属于平台的泛粉。而花一元抖币加入粉丝团的粉丝，才是这场直播真正收获的精准粉丝，常常被称为"真爱粉"。往往这一类粉丝与主播之间的信任度会更高，后续他们也会更愿意在直播间买单。同时，当粉丝有了粉丝勋章后，主播也方便区分，可以对其投入更多的关注，从而增加互动，提升亲密度。所以加入粉丝团的人数也尤为重要。

5. 直播间用户画像数据

对于直播间来说，流量的精准度远比数量重要。流量是否精准，就看跟目标用户的画像是否一致。通常精准度越高，转化效率越好。例如，粉丝中中年男性比例高达70%以上，而你所带的产品却是女性化妆品、女性内衣等，效果必然不会好。因此直播带货的商品要结合用户画像，才能更好地实现带货。而直播间的用户画像主要包括年龄、性别、兴趣、来源等，掌握了这几个数据，无论是选品还是直播间的优化，都能找到切入点。

6. 直播互动数据

我们通过直播间观众的互动情况，尤其是评论区的弹幕词，可以看出用户的需求和购买倾向。直播最大的特点就是实时性和强互动性，所以我们不能在直播间一言堂，通过评论区我们知道了粉丝感兴趣的话题，就可以有针对性地调整直播间内容；了解了用户的需求，就可以调整组品和排品策略，让粉丝来决定我们卖什么产品。直播间互动多，直播效果才会好。

信息化时代，数据是一个非常重要的资产。因此深度剖析数据，并制定出相应的执行方案，再进行测试优化，是必不可少的复盘工作。而有了明确的数据表现，主播才能根据数据做出相应调整，努力做到精益求精。这样对于粉丝的增长量与销售额的提高会有很大帮助。

(二) 策略复盘

每一场直播下来，都会有在一些成功的经验抑或是失败的教训。而作为一名带货主播要想在每一场直播中遇到更好的自己，就必须要系统地总结这些得与失。

每一场直播，我们的目的和目标都不同，有时是为了推新款，有时是为了清库存。虽然终极目标都是销售成果，但在直播的过程中也会有不同的侧重点。因而要针对不同的目的和目标，使用一些不同的卖货技巧或销售策略。

因此，无论是整场直播间流程的排布、产品的搭配，还是主播的销售技巧等，我们都要根据实际成果去进行一定的策略调整。通过对策略的复盘，探究哪些决策的方向是正确的、可取的，值得我们在接下来继续沿用；而又有哪些策略是不当的、需要调整的，甚至需要改变的。

总之，策略的复盘主要就是为了使主播能够判断自己直播思路的正误，分析直播方式的好坏；然后再根据实际的分析结果，给自己制定一个工作标准，明确在今后的直播工作中该做什么，不该做什么，以及哪些方法和策略是应该复制的，哪些是应该摒弃的。

(三)团队复盘

主播是整场直播的核心人物,但背后需要有一支强大的直播团队。直播作为一种实时传播的形式,团队中每一个岗位,每一项工作都环环相扣,不容有错。在直播进行时,团队中的每一个人都要投入状态。为了保证团队中每一位成员都尽其所能,增强整个团队的协同能力及凝聚力,直播结束后团队之间的复盘与磨合也是必不可少的。

1. 自我总结

在复盘工作中,每一位成员要先阐述自己在本次直播中所扮演的角色、工作的内容、工作的目标、目标完成的情况,以及在工作中发现的方法及出现的问题;另外,还要阐述问题出现的原因及改进方法。简单来讲,就是做一个简短的自我总结和自我检讨。

2. 互相指点

评判自己是虚心总结,而互相指点是"良药苦口"。自我总结更偏向于个人工作的优化,而互相指点则是团队配合的关键。因此直播团队中的所有成员都要对其他成员本场直播的工作情况提出一些相应的建议,既能帮助对方深入剖析自身工作中所存在的问题或值得发扬的优点,又能提高整个团队的默契配合。自我评判会存在一些片面性,而彼此互相指点更加客观有效,"良药苦口利于病"。长此以往,团队的成员必定会有更大的收获和更快地成长。

3. 对症下药

提出问题并且能够解决问题才是关键。因此,无论是个人还是他人指出问题后，都要有相应的改进方法，并且在下一次直播中得以落实。例如，在本次直播中出现上错产品或改错价格的问题，那么在下一次上产品的时候，上架者就要更加细心，反复检查，而周围的其他工作人员也要多加关注，及时提醒。另外，假设再出现这类情况，主播要如何应对、工作人员之间要如何配合等预案也要想好，以便用最快速合理的方式度过危机。

三、直播复盘八步走

（一）明确问题

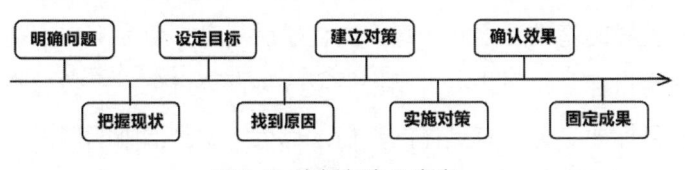

图4-12 直播复盘八步走

  每次直播可以设置直播回放，下播后将其投放到大屏幕中，直播团队一起找问题：小到主播的口误、表达不当，或是助理的配合度不够、上架不及时；大到一些策略上存在的问题，投放上不够合理等。从"重要度""紧急度""扩大趋势"三个角度选择哪些问题需要解决。这个过程需要大家边看边记录，同时给予分析结果。最终责任到岗，责任到人，完成优化。

(二)把握现状

明确原计划的直播状态与实际的直播状态的不同点是什么,也就是"应有状态"与"现状"的差异。比如,原计划主播需要在多长时间内讲解一件产品,而实际上是超时了还是提前了,超时是因为主播话术出现了问题还是产品比较受欢迎;提前又是因为什么,是主播对于产品的了解程度不够导致无话可说,还是产品无法使观众产生兴趣而不得已提前进入下一款或其他原因。总之,要明确差异,才能清晰地发现问题并改正。

(三)设定目标

清晰、明确、有共识的目标是主播确立评估结果、分析差异的基准。因此,每一次直播后复盘都要为下次直播设定目标,如一些主观因素造成的失误要避免,对数据类的目标要定量,有具体的数值,尽可能做到清晰明确,不然无法判断目标是否达成。有一些商家还是新手,不了解自己的能力可以达成什么目标。这种情况最好的做法就是观察同行,通过同行的数据分析情况,结合自己的需求预期来设定初始的目标。比如,本次直播的粉丝转化率只达到了1.23%,而下一次的目标粉丝转化率为2.5%以上。

(四)找到原因

重复思考3次"为什么",从根本上找到失误原因和问题所在。到底是个人的疏忽,还是团队默契不足、协同不当，或是来自客观的一些突发状况。例如，网络状态不佳出现卡顿，导致直播间粉丝跳失；或出现黑粉影响直播间氛围和直播节奏等。类似情况都要提前做出预案以便及时应对。另外，还可以做一些粉丝调查反馈，将评价收集起来，进行综合评判。

(五)建立对策

提出尽可能多的对策，并在其中选出最有效的对策。比如，粉丝评论这款护肤品之前用了过敏，对其他粉丝的购买欲有所影响。主播如果没有较好的临场发挥能力，就提前做好方案 A：建议她不要继续使用了，过敏是特例，产品经过某医院某机构的专业测试是适合绝大多数人的，其他粉丝可以放心购买；方案 B：细化到某一小类的肤质，不推荐使用此款，推荐本场其他商品；甚至准备方案 C、方案 D 等。

(六)实施对策

有了解决问题的对策后，在下次直播中应立刻实行改善计划，将之前失误带来的影响降到最低。面对突发状况，主播也要应对自如。这时直播团队中的其他工作人员更要多方配合主播落实对策计划，将直播间的失误率逐渐降低，由大到小，由小到无。

(七)确认效果

严守目标期限,在确认效果的同时,对策仍然要继续进行,不能拖延时间。

除了确认结果之外,还要确认直播过程,该对策实施的结果非常重要;但一次性的结果意义不够,需要多做几次以作综合评判。

(八)固定成果

将成功的直播过程"标准化",使得任何时候、任何人实行都能够取得同样结果,让每一次直播的模式都固定下来。这样解决问题的整个过程就会更加快捷有效。

判断一名主播是否具备直播能力和带货能力,不能仅靠一场直播见高下,往往是要根据其在整个直播生涯中所取得的总成绩去做判断。如今直播风口正盛,各行各业的人员为抓住风口,也都纷纷搭起直播场景,做起直播带货。在如此激烈的竞争中,主播的停滞不前也就意味着退步。若想使得每一场直播都优于上一场,主播必须具备复盘能力,学会总结得失。

第五章
心态修炼：主播必备的基本职业素养

一些头部主播的崛起，使得许多人看到了全新的就业机会。因为直播电商正值风口，而成为一名主播的门槛又相对较低，所以便出现了"入局容易，做好难"的尴尬局面。而某些略有起色的带货直播间，受利益驱使，也相继出现了虚假宣传、流量注水等问题，一时间致使直播行业乱象丛生，主播行列更是鱼龙混杂。

但随着国家的大力整治以及"网络带货主播"正式被纳入国家职业体系后，无论是已经成为网络主播的新媒体人，还是将要涉足该行业的萌新主播，必须都要遵守行业规则。该行业的规范化、专业化、职业化已是大势所趋。因此，带货主播不仅要具备较强的专业能力，也要有基本的职业素养。这也是影响其长足发展的重要因素之一。

第一节

提升个人素养：
带货主播的十大基本能力

作为直播带货的核心人员，带货主播除了要有专业方面的"硬"实力，还应具备素养方面的"软"实力。因此，想要成为一名头部带货主播，应具备以下十种基本能力：

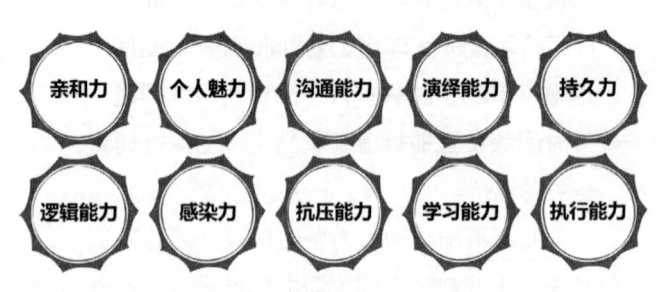

亲和力　个人魅力　沟通能力　演绎能力　持久力

逻辑能力　感染力　抗压能力　学习能力　执行能力

图 5-1 带货主播的十大基本能力

一、亲和力

亲和力对于一个主播来讲是至关重要的，除了表现在颜值上，更多体现在主播是合观众的眼缘。主播在直播时保持微笑，言谈举止得体、大方，更能够有效地增强亲和力。在很大程度上，亲和力会影响到直播间的点击率。当我们刷到一些直播的时候，通常会因为主播看起来和蔼可亲而多做停留；同样也会因为主播面无表情、冷漠呆滞而直接划走。因此，一个有亲和力的主播，会大大减少直播间的跳失率，增加观众的停留时长。

二、个人魅力

每个人都具备不同的性格特点。因此，每个主播都有着自己的个人风格，有着属于自己的独特个人魅力。主播的风格越明显，其个人魅力越突出，吸粉和固粉的能力就越强。例如，"淘宝一姐"就是一个邻家姐姐的形象，"淘宝一哥"就像是你身边最好的男闺蜜，"抖音一哥"像是信赖感十足的长辈大叔。每位主播都应该善于发现自身的个人魅力并将其放大，以充分发挥粉丝经济效应。

三、沟通能力

带货主播还要具备良好的沟通能力。从直播带货的模式来看，主播与观众是需要进行实时互动的，主播靠单纯的话术并不足以支撑整场直播。另外，整场直播下来，涉及的人员冗杂、产品较多，而主播作为直播带货的主体，更加需要与多方进行沟通。因此，主播与观众沟通要做到挖掘痛点、给予对标、促进下单；主播与产品"沟通"，要能够深挖产品背景、深知产品功效；主播与团队沟通，更要表述清晰、加快效率。总之,沟通能力是主播必备的素养之一。

四、演绎能力

在必要的时候都要有较强的演绎能力。这里既指对于产品的演绎,也指在销售过程中的适当演绎。在直播的过程中,主播需要通过小小的屏幕将产品的各方面优势,通过试用、试穿等方式充分演绎出来。例如,服饰类主播在试穿时除了要通过语言将服装的优势讲出来,还应该通过肢体将服装的美感淋漓尽致地展示出来。此外,还要有一些个性化的口号,或者对标性的比喻,以及最终的总结式的踢单。例如,帮粉丝在直播间砍价,制造库存紧张的氛围,或现场联系商家补库存、砍价等。

五、持久力

直播带货看似简单,实则是一场马拉松。一场直播少则两三个小时,多则十几个小时,这对主播的心理和身体都是一种考验——既考验主播的体力、毅力,又考验主播对节奏的把控能力。我们经常会看到一些头部主播,连续直播十几个小时,依然状态极佳,使每一位刚进入直播间的观众,都能感受到主播的热情。相反,如果主播播着播着就没有了精神,那么,观众也会随着失去购买的激情。

因此，主播如果没有较强的耐力和持久力，三天打鱼两天晒网，不能坚持长时间在镜头前保持高昂的激情和情绪，就很难做好直播这件事。

六、逻辑能力

逻辑能力，是主播控场与转化的关键。在直播间，观众通常会把自己的问题和需求抛出，与主播进行互动，如果主播缺乏自己的逻辑，在解答完粉丝的问题后就忘记自己要讲什么了，那直播节奏就乱了，所以主播的逻辑能力特别重要。而且，主播能否把产品推荐出去，跟主播怎么去介绍产品也有很大的关系。比如，介绍产品的卖点，我们首先把使用产品前的痛点给用户描述再现；接着讲这个产品可以解决哪些问题，带来什么样的改善；最后可以讲之前的用户使用后有什么感受，如果需要，主播也可以现场试用产品。

七、感染力

主播的感染力，主要体现在语言、动作和眼神上。语言方面，主播要深入学习语调、语速，声音富有感情，语调抑扬顿挫；动作方面，为了让用户跟着我们的思路，需要加入一定的手势动作，配合手势更好与观众互动；眼神方面，保持眼神与镜头对视，给用户传递主播的真诚与可靠，观众对于主播的印象，是立体化的，只有感染了观众，赢得观众的信任，观众才会心甘情愿地为你买单。

八、抗压能力

主播应具备较强的抗压、抗打击能力。直播带货充满了不确定性，是一份极具挑战性的工作；直播带货的实时性也使得主播的很多行为都变成"开弓没有回头箭"，一旦犯下错误可能很难进行弥补；主播的收入又往往与每场直播的销售成果挂钩。因此，主播要想完成一场出色的直播，获得理想的收益，需要付出较多的心血和努力需要具备较强的抗压能力。而对于新手主播来讲，直播间观众较少、销售额不理想等都是必然会面对的问题，只有具备一定的抗打击能力，才能够胜任主播这一职位。

九、学习能力

主播还应该具备较强的学习能力。对于想要长期在平台经营直播事业的主播们来说，深入才能浅出。因而主播要想在平台有所作为，首先要充分学习平台直播的规则，尊重规则，尊重平台。而这也是主播在平台取得良性发展的基础。另外，观看其他优质主播的直播模式也是主播的必修课；在观摩的基础上进行学习，逐渐锻炼自己的基本功和情商。因此，主播应定期进行培训学习，只有不断地完善自我、提升自我，才能够不断地进行升级，刷新成绩。

十、执行能力

主播要有较强的执行力。要想完成一场出色的直播，直播前的准备工作、直播后的复盘工作都是必不可少的。因此，主播的工作内容远不止直播带货这么简单，重要且冗杂的工作内容决定了主播必须具备较强的执行能力。主播要主动与团队多方进行沟通协作，避免直播中因协调不当出现事故。另外，主播在拿到产品信息后应立即对产品进行初步了解，接着完成产品相关的卖点提炼、总结话术等工作。总之，主播不能被动地接受工作，甚至拖延，否则久而久之在直播的过程中就会出现各种各样的事故。

第二节

了解消费需求：
培养主播的用户思维能力

无论是在过去、现在，还是将来，销售就是一场心理博弈，带货主播只有搞懂用户的消费心理，才能知己知彼、对症下药。可见，主播除了要拥有较强的销售能力外，还要拥有用户思维能力。我们可以从人类性别上将用户消费心理分为两类：一类是男性消费心理，一类是女性消费心理。

一、了解不同性别的购物心理特征

（一）男性消费心理

男性普遍的个性特点是较为理智，相对自信，不太容易被外界各种干扰信息影响判断。他们善于控制自己的情绪，在处理问题时，能够冷静地权衡各种利弊因素，能够从大局着想。他们具备较强的独立性和对事物明确的判断标准。

男性群体鲜明的个性特征直接决定了男性消费者的购物行为特征。男性消费者在对商品进行购买抉择时，使用的也是线条式思维方式,他们对大多数事物的审美和评判几乎都是有明确的及格标准的。比如,某个女孩的长相达到了他的某种标准就自动划分为高颜值类;同理,一台电脑系统速度够快、价格也很合理,性价比很高,就进入到他可购买的范围内。

由此可见,男性消费者购买商品时的思维方式是理性的,是注重过程的。他们的消费心理中很少会具备一些感性因素,因为在他们心中有一条明确的标准线,过线即是达标。即使处于较复杂的情况下,他们也能果断处理且迅速作出决策,例如当集中消费动机发生矛盾冲突时。

(二)女性消费心理

女性群体在个性心理的表现上具有较强的情感特征,感情丰富细腻、情绪变化剧烈且富有幻想和联想。同时,由于女性在社会中扮演着多重角色,例如,妻子、母亲、女儿、主妇、闺蜜等;所以,她们也承担着相对更多重的、更重要的消费决策者的身份。

总之,女性消费者是与男性线条性消费心理完全相反的散点式思维模式。

女性消费者的购买目标往往比较模糊,购买行为的发生也比较随机。比如,大多数女性喜欢逛商场,但是逛商场之前她们并没有具体的购买目标,很多消费行为就是因为受到复杂多样的"点"的影响而发生,而这些"点"又几乎没有规律可循,分散随机地影响着女性消费者。

影响女性消费者做出购买抉择的因素会有很多，例如，优惠活动福利大、受他人安排、商品质量好等。她们对商品和服务大多是挑剔的，但也是冲动的。她们是敏感细腻且情绪化的，是注重消费体验的。在众多消费决策因素中，哪个占了上风，哪个就赢得了她们的心。

因此，直播电商作为一种新型的购物方式，在全新的视听购物体验，以及平台强大的兴趣推荐算法背景下，带货主播更需要深刻了解不同性别消费者的购物心理。只有明确了不同性别消费者的消费心理，才能根据销售产品所属的用户受众，提炼合适的卖点，进而制定具有针对性的营销手段，达到精准营销、高效转化的目的。

图 5-2 男性消费 VS 女性消费

二、了解直播电商用户的心理诉求

直播电商作为近两年新兴的一种电商形式，在短短几年时间里已经成为一个重要的经济和文化现象。消费者作为这种经济和文化现象的重要参与者，又有哪些心理特征？在直播电商活动的参与中，消费者又有哪些心理诉求得到了满足呢？

（一）信任需求

直播电商降低了用户在消费购买时的选择成本。用户在通过直播电商消费时可以选择其信任的主播、明星或品牌直播间。经过主播筛选过上架的商品，加上主播对商品讲解及现场试用，相比传统电商形式，为消费者省去了大量的搜索、收藏、对比的时间。出于对主播及品牌的信任，也降低了消费者对商品品质、退换货风险的担忧。由于满足了消费者的信任需求，从而满足了消费者"节约时间""物美价廉"的两大实用诉求。

（二）追随心理

目前主流直播电商形式仍是以网红、明星 IP 变现为主的"粉丝型消费"，其变现行为也主要由追随 IP 的粉丝用户买单，从而满足了用户对主播或品牌 IP 的追随心理。正是因为他们是名副其实的大主播，所以才产生了如此大的影响力。与此同时，在抖音平台中，明星主播的直播间人气相对于普通主播的直播间人气要高很多。这些现象都能体现出用户的追随心理。

（三）社交需求

社交需求也是直播电商用户的一项重要心理诉求。由于直播电商的实时性、互动性等特点，相比传统电商形式，消费者在电商直播过程中可以通过发送弹幕与主播和用户进行交流互动，聊聊彼此选择哪一款，以及产品的使用体验等。通过直播获取的信息也能够在其他场合中参与相关话题的交流，在完成购物后也可以和朋友分享经验，从而满足了其购物过程中的社交需求。

（四）情感转化需求

直播电商还能满足部分消费者的情感转化需求，基于特定情感而产生购物行为。例如，新冠病毒疫情防控期间，全网助力湖北，直播电商平台推出帮助湖北农产品销售的活动，央视主持人和某主播共同参与的"谢谢你为湖北拼单"直播，累计卖出价值4014万元的湖北商品。全国人民空前一致的民族情感在一场场直播中得到充分释放和传播。诸如此类的事件，还有鸿星尔克向河南抗洪捐款后，观众们在直播间表现出来的"野性消费"，以此表现对鸿星尔克的支撑和感谢。

（五）消遣放松需求

很多女性甚至男性都把逛街当作一种乐趣。而观看直播带货，可以看作是在网络空间中逛街。用户有时间就看看，并不带有明确的目的性，重要的是网上逛街的氛围感。越来越多的人已经把看直播带货当作下班后的固定消遣项目了。

三、直播电商用户消费心理路径

消费者的心理诉求是多种多样的，用户在直播间的消费行为也不是一蹴而就的。消费者带着不同的目的和心情进入直播间，我们看到的也许只是消费者观看了商品讲解，然后很快付款下单。中间可能也就几分钟的时间；但是也就是这几分钟，消费者的心路历程也是发生了多重的、不易察觉的变化。而主播作为直播间中主要的商品推销者，要学会通过了解用户的消费心理路径，从而制定合适的销售手段，促进用户下单。

大多数消费者从进入直播间到下单付款都会经历一个从观望到满足的心理体验过程。我们通过大量的直播购物样本分析，将消费者在直播购物中的心理路径归纳为8个基本环节：

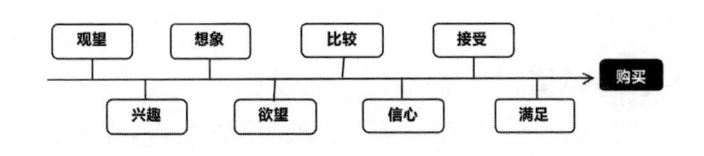

图 5-3 直播购物心理路径

(一) 观望

首先是观望，大多数用户在刚刚进入直播间时并不会直接产生购买下单的欲望，都会抱着观望的态度先观看一段时间，其中包括观看主播的直播专业度、浏览商品内容是否有自己需要或感兴趣的、观察直播间弹幕互动内容等，通过观望建立起对该直播间的初始印象。

(二)兴趣

随着主播讲解的深入,或因为商品、活动力度的特别,或因为主播风趣幽默又专业的直播风格,用户的注意力会将被逐渐吸引,开始认真了解商品详情,并产生与主播及其他观众互动的兴趣。

(三)想象

用户在直播间产生了解、互动的兴趣只是一个开始,并不代表会直接产生购买行为。用户在观看商品讲解和互动中一般会经历一个想象的过程,联想自己拥有该商品后的使用场景,想象该产品能够满足自己生活中什么样的需求,解决了什么样的问题。

(四)欲望

从观望到产生兴趣,再到想象使用场景,消费者已经历了一个从冲动到冷静的过程。如果想象环节的结论是"确实需要""能够解决我的某个问题",那这时多数消费者就会产生购买欲望。

(五)比较

当然,要想让用户下单并不容易。因为用户产生消费欲望,只是他确定了对商品本身认可和需要的态度,要想让他的消费欲望变成真正的购买行为一般还会经历比较与权衡的过程。比较的内容包括:是否有其他主播在销售同类商品，综合权衡其他直播间的价格力度、时间时效等因素能否满足其实际需求……

(六) 信心

这时，消费者距离下单付款还差一点信心。这个信心的主要来源就是主播的热情态度和适度引导，给用户一个"就在这个直播间及这个时机下单就是最好的选择"的购买信心。

(七) 接受

一般到这个环节，一件商品的讲解也会接近尾声。这时主播配合专业的促单、逼单技巧，通过强调"限量""马上截单"等信息，让消费者产生一种急切、错过就没有了的紧张感，继而使其接受这个选择，进行下单付款。

(八) 满足

消费经常会使人快乐，在直播间也不例外。消费者经历了前面从观望到接受的内心起伏后，一般会产生购物的喜悦感，加之对商品和价格的认可，从而获得深深的满足感。

以上 8 个直播间常见的用户心理环节，是相对比较理想的购物链条。在实际情况中，由于消费者和主播等各种情况的多样性，每个在直播间下单购物的消费者所经历的心路历程也往往不尽相同，因而需要主播在实践中不断摸索,才能更加全面、灵活地把握消费者的心理活动。只有了解清楚用户的心理,总结自己直播间用户的规律,才能更加有针对性地制定行之有效的销售方案。

第三节

化解直播危机：
提升主播的随机应变能力

实时性是直播电商最大的特点之一，每一场直播都不可重来。在直播的过程中，主播难免会遇到各式各样的突发状况，这也就要求主播需要做到临危不乱，在一次又一次的直播修炼中，不断地提升自己的危机处理能力及随机应变能力。

一、节奏掌控能力

主播一定要具备节奏掌控的能力。首先要对平台的活动玩法有一定的了解；另外在直播的过程中，对产品的讲解、福袋红包的发放以及秒杀环节的爆单等，也需要具备一定的控场能力及气氛把握的能力。

在直播间中，主播要扮演老师的角色，在讲解产品时，向"学生"传达信息，并需要"学生"认真聆听且接受。另外，主播还要扮演销售员的角色，在用户了解了产品信息后，主播应通过销售话术等技巧使其进行最终的买单。最后，主播还应该扮演主持人的角色，要具备较强的节奏掌控能力及活跃气氛能力。总而言之，三个角色对于语言表达的要求都非常高，而主持人的控场能力则是讲解产品与最终卖单的基础。

直播最大的特点就是主播要与直播间的粉丝进行深度交流，而粉丝的留言往往是不受控的。因此，如果主播不具备节奏掌控能力，抓不住核心话题，无法主动带动粉丝交流或终止过多没必要的交流，就很有可能会被粉丝带偏节奏。例如，在直播的过程中，个别粉丝一直要求福利款，如果主播没有自己的节奏，单纯地跟着粉丝走；那么整场直播的流程就会被打乱，直播就会受到一定的负面影响。而如果主播具有良好的节奏掌控能力，既能安抚粉丝，又能保持自己的直播节奏与进度，便能做到春风化雨，转危为安。

二、临场应变能力

直播过程中有着太多的不确定性，主播随时会遇到各种各样的突发情况。例如，网络不佳导致卡顿，所展示的产品出现了问题，主播与团队中的其他工作人员配合上的失误，受突发情况影响而未能按照设定的环节顺利进行计划等。通常这些问题对于一场直播来讲轻则引起短暂的骚动，重则直接影响最终的销售成果及粉丝的满意度。因此，在应对各种危机时，主播必须要具备较强的临场应变能力。

主播要相信危机既是危险也是机会。如果主播能够妥善处理危机，说不定会给直播间带来意想不到的效果。

例如，在某次直播中出现画面模糊的情况，粉丝纷纷在弹幕上留言表示不满，主播一方面及时安排工作人员调试设备、解决问题；另一方面安抚粉丝道："因为我们今天的福利优惠实在是太多了，主播迫切地想要将这些福利带给大家，所以激动到'模糊'了。现在主播马上平复情绪，为大家带来福利。"这样一来既让粉丝们感受到了主播的幽默风趣，同时又平复了他们不满的情绪。

三、负面信息接纳能力

主播是直播间中唯一与粉丝直接接触的人，因而直播中产生的所有问题最终可能都会直接针对到主播身上。例如，一些不理智的粉丝会因为发货延迟或对产品的不满而辱骂主播，这时候主播就需要调整好自己的心态，学会接纳这些负面信息，不要让其影响自己的直播状态和带货情绪。

在接受负面信息的同时，也要懂得对信息进行筛选。如果粉丝反映的信息是客观存在的问题，主播就要虚心接受，予以回应，并在直播结束时对这类问题进行复盘并有效解决。但也有一些粉丝反映的是主观且不准确的信息，并因为一些鸡毛蒜皮的小事对主播进行恶意的人身攻击。当主播面对这类负面消息时可以暂时不予理会，或心平气和地进行正面回应，解决问题。但切忌因这类消息影响直播心态而使主播出现沮丧、懈怠或生气、过激等直播行为。

主播在面对直播间众多的评论时要兼容并蓄；不能只接受正面的表扬、赞美，还要学会接受批评、建议等负面信息。一味的正面信息对主播来说不一定是好事，容易让主播产生自我感觉良好的错觉。学会接受负面信息，可以让主播的内心变得越来越强大，不容易受外在的因素影响，从而更加稳定持久地进行直播。

四、直播常见的突发状况及处理方案

直播带货最大的特点就是永远没有重来的机会。因此，就算是一些头部明星主播，在直播中也会面临一些突发状况。那么面对这些状况，主播应该如何去应对呢？

(一) 流程环节出错

流程环节出错一般指在直播过程中产品的上架顺序错误或发放福利的顺序错误。例如，本来要上架第5个产品，结果上了第6个产品；或提前将直播间的粉丝福利放出，像这种流程错误在直播间是常有的事情。面对这样的突发状况不要慌乱，主播只要直接顺势介绍该产品即可。因为产品的上架顺序只有自己团队的人知道，粉丝并不知情；所以只要主播不慌乱，及时调整话术，是不会有任何破绽的。不过此类错误可能会打乱直播前所安排好的直播流程，因此若想规避这种错误，需要团队在直播前进行全流程预演，以熟悉整体流程。

（二）设备故障

直播间的设备故障一般有网络卡顿、话筒没声音、灯光不亮等，会给直播间、效果带来直接影响。面对这种状况时，主播应该及时用话术做好引导，与粉丝说出实际原因，其他工作人员也应立刻拿出备用设备，快速调试。规避设备故障危机需要在直播前2小时对直播间的设备进行检查，确保所有设备都无误后再正常开播。并且平时要保证一直留有备用设备，以防万一，对备用设备也要定期检查，以防备用设备出现故障。

（三）产品改价和库存出现错误

在直播间中产品的价格常常会在修改时出现错误，大多数是错误价格低于正常修改的价格。库存数量的错误是通常是实际库存小于错误库存。以上错误都会给粉丝带来不好的购物体验，也会给直播间造成一定损失。所以当以上情况发生时，如果错误价格与实际价格的差额不是很大，主播可以利用话术引导粉丝，说是给大家的福利；如果差额很大就示意后台赶快修正或下架该产品，同时真诚地向粉丝们说明实际情况。想要规避此类问题，可以采取专人专岗盯数据的方法。如果怕一个人出现错误，可以安排两个人员进行配合，一个上传一个核对，做到万无一失。

(四)主播话术出错

主播在直播过程中可能会出现口误的现象。例如,在展示 A 产品时说出了 B 产品的名称,某产品具备 A 功能但说成了 B 功能。这些现象不仅会让商家不满意,而且也会让粉丝质疑主播的专业度。当面对这样的状况时,主播要及时向粉丝道歉,拿出真诚的态度,最好随之给粉丝们送出一波福利;或巧妙地转变话术,称这是提前预告下一款产品。不过,牵强的解释与认错的道歉,远不及在前期准备时做好充分的工作,将直播话术熟稔于心。同时在直播过程中其他人员也要给予主播一些重要提示,以避免主播出现错误。

(五)黑粉恶意引导

当在直播间遇到黑粉恶意带节奏,诋毁甚至谩骂主播或给产品差评时,主播应及时做出反应,化解矛盾,以防止负面影响进一步扩大。首先主播应保持沉着冷静,根据现场情况及时有效地解决问题;在解决时要注意态度,保持主播素养,有理有据地沟通,切忌在直播间与粉丝对骂。那样既有损主播的形象,让其他粉丝认为是气急败坏的表现;也会影响整个直播间的氛围。因此,针对黑粉的问题,主播可以沉着冷静地只回答一次,然后继续下一个流程。而与此同时,其他工作人员也要及时对互动区进行控评,必要时进行拉黑处理。

(六)直播间氛围紧张

当遇到一些技术故障或因憋单导致用户闹情绪时,直播间的氛围会变得比较紧张。这时,主播一定要用简短的几句话对特殊情况作出解释,并且立即安抚用户情绪;故障解决后,再以专业的态度迅速投入到产品介绍中。如果是观众不满憋单时间太久,主播就可以用红包、抽奖等形式转移用户的注意力,必要时可提前放出部分憋单产品,以避免直播间观众负面情绪的互相感染,导致客户流失。通常来讲,这一类突发状况会更考验主播的控场能力。

第四节
增强直播底气：
彰显多方凝聚的自信力

一名优秀的带货主播背后，几乎都有优质的产品和成熟的团队做支撑，而主播本身也要对自己充满信心。只有通过多方凝聚起的自信力，才能让主播在直播中真正做到不靠运气，靠底气。

产品自信
人格自信
决策自信
团队自信

图 5-4 多方凝聚自信力

一、产品自信

主播要对自己所卖的产品有信心，同时要从心理上认同产品。如果主播自己在心理上都不认同该产品，介绍产品时底气不足，直播间的粉丝就更不容易为此产品买账，从而影响我们的带货效果。因此，对于主播来说，增强对自己所带货产品的自信是非常重要的。主播要想做到产品自信，就需要在了解产品时尽量客观与全面，相信自己的选品团队，摆脱自己对该产品的固有看法。无论熟悉的或是不熟悉的产品，主播都要重新去认识它、了解它，熟悉每个产品的特点功能，找到每个产品的不同之处，然后把它自信且客观地向粉丝展现出来。

二、人格自信

首先，拥有人格自信的主播可以为直播间吸引更多的流量，因为大多数的人都喜欢自信、有人格魅力的人；其次，主播的人格自信不仅会感染整个直播间，而且还会进一步将这种情绪传递给粉丝，让粉丝对主播产生信任和依赖感；最后，强大的人格自信也可以让主播在面对一些困难和挑战时从容不迫，轻松地应对问题、解决问题。

这就要求主播在面对镜头时不怯场、自然大方；讲解产品时自信有力，有产品自信；与粉丝沟通时有理有据、侃侃而谈，相信自己就是最优秀的主播。

三、决策自信

一场直播会面临相应的决策。由于主播是直播团队中最为核心的人，同时也是直接面对用户的人，加之在直播过程中的不断积累和成长，具备了一定的能力和经验；所以主播在必要时要体现出决策自信，相信自己的判断力。对于没有经验的新人主播，在决策时也不要瞻前顾后，只要换位思考，站在用户的角度上去思考问题即可。主播的决策自信主要体现在以下三个方面：

（一）直播前的选品决策

直播前团队会对下一次直播的产品进行讨论，这时主播要对选品积极把控，决定上架哪些产品、下架哪些产品。因为主播是在直播过程中最能直观清楚地感知用户们对于每种产品的需求度和喜爱度的；所以当团队有分歧或需要主播做决策时，主播需要给出明确的选择，相信自己的判断。

（二）直播中的危机决策

主播在直播过程中难免会面临一些突发状况，例如，直播设备、网络、灯光等出现故障。遇到这类情况时主播要做到不慌乱、不犹豫，及时果断地想出应对方法，相信自己处理危机的正确决策。除此以外，在直播过程中还会遇到直播间突然涌入大量流量或流量跳失等情况。面对这种情况，当团队没有及时提醒时，主播要随机应变，发挥自己的决策作用，把控直播间的节奏。例如，在面对突然涌入的大流量时要及时利用话术或福袋将用户留在直播间，优先上架爆款产品。一般这种情况都是比较紧急的，没有时间去讨论应对办法。因此这时就需要主播根据自己的经验及时决策，调整节奏，不要慌张，要相信自己。

(三)直播后复盘修正决策

在直播后的复盘中，主播要根据直播数据对自己进行总结，同时对下一次直播需要改进和完善的地方提出想法。在复盘中除了要依据直播数据总结，还要根据主播整场直播后的感受进行修正。数据只能体现直播间中的产品转化率、商品点击率、用户流量等可用数据统计的方面，而一些在直播过程中出现的直播节奏、产品上架顺序、人员之间的配合、设备等问题只有主播自己是清楚的，因此主播要根据一场直播下来的切身感受及时向团队其他人员传达以上问题，并积极地做出修正决策。

四、团队自信

团队自信即对团队相互协作、积极向上的团队精神表示自信。虽然主播是团队中最为核心的人物，但是这并不意味着她（他）可以单枪匹马进行直播每个优秀的主播背后一定离不开一支高效、可信的团队。因此对于直播这一高压型的工作，主播树立对团队的信任是非常必要的。这就要求主播在直播过程中不要压力过大地把所有的责任都扛在自己的肩上，要相信团队其他人员的辅助作用；在遇到问题时也要与团队人员多沟通和交流，相信团队的专业能力，与团队共同面对和解决问题。

当主播拥有了团队自信后,整个人也会更加自信,不会有独自作战的紧张感,会时刻感受到来自团队的鼓励和温暖,相信团队就是自己的底气和依靠。当主播拥有了团队自信后,也会使自己快速成长,主动学习团队人员身上的优秀之处,进而形成相互学习、相互鼓励、相互帮助、相互尊重的高质量团队。

可见,自信对于主播来说是种非常重要的心理素质。当然这些心理素质也不是要求每个新人主播一开始就全部拥有。但随着直播场次的增加、时间的积累,主播要不断使自己拥有以上的自信力,让自己的内心变得越来越强大,从而更加稳定持久地进行直播。

同时,作为主播也要注意,产生自信是好事,但不要自负。不能因为自己的人气逐渐提升,拥有的粉丝越来越多,而忘记初心,不认真对待工作,不爱惜自己的羽毛。希望主播们都能够避免发生以上情况,要力争永远保持初心、脚踏实地、实事求是,做让用户和商家值得信赖的优秀主播。

第五节

树立规则意识：
知悉主播职业操守与行为规范

带货主播凭借自己对产品的专业知识，诠释出了产品的价值，从而让消费者通过购买对产品表示赞同。然而，也有不少主播被"利益"蒙蔽了双眼，虚假宣传，大肆推销。"不以规矩，无以成方圆"，主播要想在平台长足发展，就必须树立规则意识，严格遵守主播的职业操守及行为规范。

一、主播的职业操守

（一）敬业

敬业是主播工作的灵魂。了解直播营销的相关基本知识，并掌握一定的专业技能是主播敬业的基本要求之一。主播作为商家或品牌的"代言人"，其一言一行都会影响商家或品牌的形象。因此，如果主播出现带货不专业、言行不规范、态度敷衍消极等不敬业的行为，都会导致商家或品牌形象受损。

(二)守纪

守纪是主播工作中不可或缺的素质要求。直播带货作为一种完全面向公众的特殊营销形式,主播要对自己的一言一行负责,要树立法律意识。直播间及直播场所必须符合法律、法规和网络直播营销平台的规则要求。在直播中要坚持社会主义核心价值观,并遵守社会公德。另外,主播还应遵守直播团队的相关规定及要求,不可我行我素,没有团队意识。

(三)诚信

诚信是主播必不可少的品德之一。一方面,主播要具备契约精神,在与商家协商约定后,就要在直播活动中信守承诺,不可出尔反尔,对商家造成不必要的损失;另一方面,主播发布的商品及服务内容应与商品及服务成果保持一致且实时有效;最重要的是在直播活动中不能对商品和服务进行虚假宣传,不能欺骗、误导消费者,要保障消费者的合法权益。

(四)利他

作为一名主播要了解目标客群的消费心理,站在他们的角度上思考问题,多给自己正向的心理暗示,让自己处于一个甘于为大家服务的位置上。思考自己能够给消费者带来什么,让消费者感受到被重视、被尊重。短视频直播对于主播而言是一个人面向多个消费者,而对于手机另一端的消费者来说，其实就是他与主播两个人的双向交流。因此当主播在直播中充分考虑到了每个消费者的感受时，就会让消费者感受到主播对他们的用心。当主播拥有了这种利他心理，不去在意一些细小的得失，直播往往会达到事半功倍的效果。

二、直播间禁忌

如果主播没有熟悉抖音直播的相关规则，一不小心就会掉进陷阱里，造成违规。直播间的禁忌有哪些呢？笔者从直播封面、直播文案、直播违规行为及直播违规词明细四个方面，来告诉你哪些行为绝不能做，哪些直播违规行为容易被忽视。

（一）直播封面避雷

很多人会从直播广场进入直播间，而首先映入大家眼帘的便是直播封面。直播封面是否有吸引力，会直接影响直播间的访问量。因此直播间封面设计要注意以下几点：

1. 封面图片需清晰、美观，吸引用户，1:1高清方图，也可放符合本规范要求的商品图；

2. 如果用人物作为封面，尽量不要使用非本人的图像，一方面有可能造成侵权问题，另一方面会给观众造成欺骗的感觉，不利于直播间人气提升；

3. 封面图中人物的着装不要过于暴露或低俗。

(二)直播文案语言规范

1. 文案中禁止使用"国家级""最""第一""绝无仅有""世界级"等夸大或误导性的广告极限词；

2. 禁止使用"点击领红包""点击参加抽奖""点击看美女""你的通讯录好友""ta正在关注你""530万人看过"等引导点击的内容；

3. 禁止使用"倒闭""滞销""亏本""清仓""挥泪大甩卖"等夸大促销性相关信息的词汇；

4. 其他法律法规、平台规定禁止出现的内容。

(三)直播间违规行为及处罚措施

主播有义务保证直播环境健康有序，需对直播内容负责。为加强直播内容的管理，平台制定了《抖音直播行为规范》以规范主播在直播中的行为。平台依据主播违规行为的严重程度（违规情节的严重程度是直播官方依据违规意图、违规时间和违规主体等客观因素综合评定的），将其违规行为划分为三个等级，并对应三个级别的处罚措施：

违规等级	具体内容	处罚措施
一级（严重违规）	1. 反对宪法所规定的基本原则的	对于发生一级违规的主播，将视严重程度给予收回直播权限、永久封禁账号、全网禁封等处罚并保存相关违法违规资料。
	2. 危害国家安全，泄露国家秘密，颠覆国家政权，破坏国家统一；出现涉秘密军事信息；身着军警类，或穿着国家公职人员制服直播的	
	3. 损害国家荣誉和利益的，或调侃革命英烈、革命历史的	
	4. 煽动民族仇恨、民族歧视，破坏民族团结的	
	5. 破坏国家宗教政策、宣扬邪教和封建迷信的	
	6. 散布谣言，扰乱社会秩序，破坏社会稳定的；妄议国家大政方针，炒作社会敏感话题的	
	7. 散布淫秽、色情、赌博、暴力、凶杀、恐怖或教唆犯罪的，包括但不限于： ①血腥暴力内容，虐待小动物等，捕杀国家保护动物； ②与赌博或涉嫌赌博有关的任何活动，以及宣传赌博网站； ③危害自己或他人安全，包括：血腥自虐、自残、自杀、殴打他人、威胁他人生命安全； ④展示管制刀具、枪支（包括仿真枪）、毒品等违禁物品，表演或介绍吸毒过程、违禁物品制作过程与方法	
	8. 侮辱诽谤他人、侵害他人合法权益的	
	9. 含有法律、行政法规禁止的其他内容的，组织、宣传、诱导用户加入传销（或有传销嫌疑）机构的	
	10. 未成年人直播、冒充官方非本人实名认证开播的	

违规等级	具体内容	处罚措施
二级（中等违规）	1. 直播内容带有性暗示、性挑逗、低俗趣味的行为，包括但不限于： ①刻意抖胸、挤胸、抚摸敏感部位、下蹲抚摸大腿、模仿性交姿势等低俗诱惑动作； ②展示或使用类似性器官物体进行低俗互动； ③涉及敏感部位的低俗游戏类游戏，如隔空取罩、高山流水、背人上楼等； ④口述色情行为、模拟色情声音、传播低俗段子； ⑤镜头长时间聚焦敏感部位； ⑥演唱、播放带有色情、性暗示的音乐及伴奏	对于发生二级违规的主播，平台将根据违规情节给予警告、断流或封禁开播权限（1天到永久不等）等处罚。
	2. 直播内容荒诞惊悚，影响社会和谐的行为，包括但不限于： ①制造、传播鬼怪等灵异猎奇行为，如开棺、盗墓、墓地探险等； ②生吃活物、腐肉、吞异物等惊悚表演； ③直播斗殴等影响社会和谐的内容	
	3. 直播中公开招募，或直播私下慈善行为	
	4. 展示千术、赌术	
	5. 展示行医行为、销售药品等任何关于医疗的直播	
	6. 直播未经授权的、未备案或含有低俗暴力内容的影视剧、电视节目、电台节目、游戏	
	7. 直播宣扬伪科学、违反公序良俗的内容	
	8. 直播中进行侵害或涉嫌侵害他人合法权益的行为，包括但不限于： ①泄露他人隐私或个人资料，转播给他人造成损害的不实报道； ②讨论他人是非或鼓动用户讨论他人是非、挑起事端； ③诋毁、谩骂他人等攻击性行为	

违规等级	具体内容	处罚措施
三级（一般违规）	1. 着装暴露低俗、妆容不雅、语言低俗，包括但不限于： ①男性赤裸上身直播； ②女性胸部、背部、大腿裸露过多，或穿着诱惑性制服、透视装、不雅服饰等，或裹浴巾直播； ③衣衫不整、裸露内衣裤、内衣肩带等； ④在身体各部位画低俗图像、写低俗色情文字，大面积裸露纹身 2. 在直播中进行开车、抽烟、喝酒等危害生命健康的行为 3. 恶意发布广告，展示联系方式或以任何形式导流用户私下交易 4. 直播攀岩、跳伞、口吞宝剑等危险行为 5. 直播间图片、文字、昵称、头像、背景等含有违规内容，包括但不限于： ①低俗色情、血腥暴力内容； ②侵犯版权、广告等其他违规内容 6. 投资类直播，如讲解或引导投资房地产、股票、基金等 7. 直播中存在长期静态挂机、播放个人或他人直播视频回放等行为 8. 方言直播，包括但不限于：对着镜头长时间使用少数民族语言、地方方言、外语、手语等关于方言类、外语类、特殊语种类的情况。（此处方言是指跟普通话差异非常大，非该方言所在地区无法听懂）	对于发生三级违规的主播，平台将根据违规情节给予警告、断流或封禁开播权限（1天到一周不等）等处罚。

表 5-1 违规内容及处罚措施

三、主播直播带货应遵守的基本行为规范

(一)主播应当掌握与商业直播相关的法律知识和专业技能

主播应当向平台提供真实有效的资质证明信息,入驻资料有变动的,应当及时更新并通知平台进行审核。主播应当与平台经营者、商家以及合作机构签订书面协议,明确各自的权利义务及责任分配。主播不得将其账号、密码转让或出借给他人使用。

(二)主播需进行实名认证

主播需要实名认证,直播时的前端呈现可以采用符合法律法规要求的昵称或者其他名称。主播设定直播账户名称、使用的主播头像与直播间封面图不得含有国家法律法规所不允许的违法、不良信息。直播间应干净整洁,反映直播主题或者产品特征,不宜出现与直播售货内容无关的摆设。有一些场所不宜进行直播,比如,涉及国家及公共安全的场所,影响社会正常生产、生活秩序的场所,影响他人正常生活的场所,还有平台规定的其他不宜进行直播的场所。

(三)坚持正确的政治导向

主播在直播中应坚持正确的政治导向,不得含有以下言行:带有性暗示、性挑逗、低俗趣味的行为;带动用户

低俗氛围，引导场内低俗互动；地域攻击、诋毁或谩骂攻击他人，或骚扰、调戏他人；抽烟或变相宣传烟草制品（含电子烟）；公开募捐，或直播私下慈善行为；内容荒诞惊悚，或易导致他人模仿的危险动作；其他影响社会和谐的行为。

（四）主播发布的内容应与商品链接一致且实时有效

主播不得违规推广商品和服务，不得利用直播发布虚假广告，或对商品和服务进行虚假宣传，欺骗、误导消费者。在直播中，主播应当进行一些清晰的消费提示，包括：使用中可能会危害消费者的；对特殊人群使用时的保护警示；安全事故处理方法；个人防护；潜在的危险说明；产品生产日期、保质期、有效日期、限期使用日期。主播发布的信息构成商业广告的，应当遵守国家有关广告法律法规的规定。

（五）主播应当遵循与商家的约定

主播应当按照其与商家的约定，对在直播中向消费者作出的承诺履行相应的保障义务。主播应当按照法律规范和平台规则，配合平台落地直播间用户言论的规范管理。国家鼓励主播开展公益直播，但不得利用公益名义变相从事商业直播。主播在进行公益直播时，不得展示联系方式或以任何形式导流用户私下交易，不得假借公益接受打赏或以其他形式谋取私利。此外，主播不得采取任何流量或数据造假行为，不得采取虚假购买和事后退货等方式骗取商家的佣金和"坑位费"。

第六章
人才管理：
优质主播招募培养四步法

主播对于商家或企业来讲无疑是其立业的根本，因为招募主播是直播带货最开始也是最关键的一环。另外，一名优质的带货主播必定是经过千锤百炼的，而要想快速将其培养至腰部甚至头部主播，合理的考核机制也是必不可少的。本章将围绕主播的招募、培养以及考核机制等内容展开讲解，希望能够帮助一些商家及企业拥有属于自己的优质带货主播。

第一节

优质人才引进：
主播招募的途径及流程

作为近年来新型的互联网电商营销模式，直播带货的出现对于我们来讲既是机会也是挑战。对于想由传统电商转型为兴趣电商的商家来讲，账号搭建、内容创作、人设打造都是很大的挑战。其中营销模式的改变，使其充分意识到团队人才的匮乏，尤其是最为核心的人物主播。因此，招募和培养主播是搭建直播团队的首要任务之一。

一、主播招募的途径

挖掘新人
公司原有导购、新媒体等职位的人，组织试播进行选拔

演员模特
公司自有资源培养，艺术类专业过渡到达人

校园平台
线下大学生招募，挑选潜力达人

媒体平台
与媒体平台合作举办主题活动进行选拔，择优录取

线上招募
线上招募达人，包括现有的已经开通直播权限的达人

图 6-1 主播招募途径

二、主播招募流程

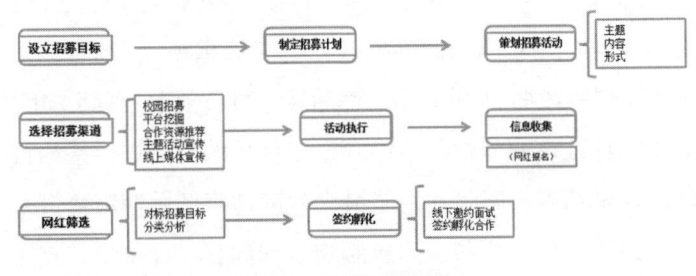

图 6-2 主播招募流程

三、主播招募机制

(一)建立完整的主播招募体系

通过完善的主播招募体系,制定详细的年、季度、月、周主播资源招募计划以及及时有效的招募结果反馈机制,满足公司的主播招募需求。

(二)开启专人专项负责模式

根据渠道、工作内容的不同,成立相关招募小组,明确具体职责;将每个招募环节落实到个人,真正做到专人专项负责,以确保主播招募计划的落实执行和主播招募流程顺畅运转。与此同时,为提高公司员工招募的积极性,公司还应建立完善的绩效考核、薪酬管理等激励制度,保证主播招募机制的高效运行,并有针对性地开拓和维护招募渠道及合作伙伴。

(三)细化招募工作流程

通过艺术学校、各大直播平台以及各 KOL（网红）聚集地等途径，搜集优质主播资料，包括直播视频、短视频、个人资料等数据，回传公司。然后通过材料预审、视频二审、终审的标准审核流程，从中筛选出优质的主播进行签约合作，定位培养。同时，为了最大程度地降低后期培育带来的不确定风险，招募部门应制定以粉丝量、订单量、直播间访问量、粉丝活跃度、销售额等作为参考因素的筛选标准。

(四)建立突发状况触发招募机制

为应对并有效解决主播资源缺失的突发状况，企业或公司应建立突发状况应急管理方法：

1. 每月固定主播招募机制，考核筛选或淘汰主播的替换招募；

2. 应对突发主播流失招募机制，如跳槽、结婚等突发情况的应急招募；

3. 实时应对平台直播政策调整的主播招募机制和为保证未来快速扩张发展的主播储备。

(五)招募主播的具体途径

1. 校园招募：通过校园选秀活动、经纪人发掘、校园联合活动等方式，招募在颜值、才艺及美妆搭配等领域条件优越并有独到见解、表达能力强、互动和感染力强的校园达人；

2. 平台挖掘：在各大直播平台发掘有达人潜力的主播，进行招募；

3. 合作资源推荐：在红人经纪、直播平台等垂直领域相关资源推荐下，与达人及 KOL 建立联系，沟通并招募；

4. 参与线下主题活动：参加时装周、美妆大赛、红人周等活动，挖掘优质红人；

5. 媒体宣传：开展线下传统媒体与线上自媒体相结合的多渠道全方位的招募宣传活动；

6. 招聘软件：通过 BOSS 直聘、智联等各大招聘软件进行直接招聘。

第二节

高效分层管理：带货主播的等级划分

由于每位主播的个人阅历和能力有所差异，所以我们通常会根据主播的工作经验与能力将其划分为三个等级：头部主播、腰部主播和初级主播。而公司或企业的老板也应定期或不定期地给主播升级，从而激发主播的积极性。

一、薪资标准

主播等级	薪资标准
头部主播	基本工资 X 元 + 绩效工资 Y 元 + 考勤工资 Z 元 + 销售额提成
腰部主播	基本工资 X-1000 元 + 绩效工资 Y 元 + 考勤工资 Z 元 + 销售额提成
初级主播	基本工资 X-2000 元 + 绩效工资 Y 元 + 考勤工资 Z 元 + 销售额提成
试用期主播	试用期主播：基本工资 X-2000 元 + 考勤工资 Z 元

注：由于城市、行业和企业的情况不同，此标准仅供参考，商家需结合当地消费水平、行业的大致标准以及企业现状制定合理的薪资标准

表 6-1 各等级主播薪资标准

二、能力标准

主播等级	能力	标准
头部带货主播	业绩完成能力	增粉量：每月保证增粉任务量按时完成，探索实践增粉新方法并分享给团队成员
		订单数：每月保证订单任务量按时完成，探索实践订单转化新方法并分享给团队成员
		场观量：每月保证场观任务量按时完成，每周场观总量保持增长
		直播时长：每月保证完成日常直播时长要求，为了满足业务需求不计较时长的多少
	个人能力	个人形象：注意个人着装以及装饰，能够较好地匹配当值直播间的整体形象设计
		控场能力：能主动控制直播间气氛，带动粉丝参与互动的积极性，引导粉丝关注、进群、分享
		产品知识：熟练掌握产品卖点，有自己口播产品的特点，并被大多数粉丝所喜爱
		领域知识：在专业领域内有一定的影响力，并拥有自己的专业领域粉丝群
		学习能力：经常参加各种培训，并将学习内容在团队分享，对新知识有自己的学习方法，可以快速上手新领域
	职业素养	分享能力：提出自己的有效建议并分享给身边的人
		创新意识：有创新意识，能够自己策划活动，执行别人没有的活动
		团队协作：能够高度配合团队，给予团队有效建议和帮助，共同完成目标
		执行力：能积极按时完成上级交代的任务
		抗压能力：能够承担大型活动或额外工作量，任劳任怨，竭尽所能完成任务

续表

主播等级	能力	标准
腰部带货主播	业绩完成能力	增粉量：每月按时完成栏目增粉任务，并积极探索增粉方法
		订单数：每月按时完成栏目订单任务，并积极探索增加订单的新方法
		场观量：每月按时完成栏目场观任务，并积极探索场观增长的新方法
		直播时长：每月按时完成栏目直播时长任务
	个人能力	个人形象：注意个人着装及形象，偶尔出现个人形象与直播间整体不符的情况
		控场能力：能带动直播间气氛，引导粉丝关注、进群、分享
		产品知识：熟练掌握产品的特点，有自己的口播产品话术
		领域知识：精通所播出的专业知识，对领域知识能够做到细致入微地讲解，能不借助现场资料解答粉丝常见问题
		学习能力：定期参加培训，不定期将所学知识在团队内分享
	职业素养	分享能力：能提出自己的建议，较少主动与人分享
		创新意识：有创新意识，自己能简单策划活动，在团队的配合下努力执行
		团队协作：能够较好地配合上级工作，工作完成要及时
		执行力：稍有延时，但能完成上级交代的任务
		抗压能力：总是抱有信心，并始终努力做好工作

续表

主播等级	能力	标准
初级带货主播	业绩完成能力	增粉量：基本完成大部分增粉任务，偶尔出现任务未完成情况
		订单数：基本完成大部分订单任务，偶尔出现任务未完成情况
		场观量：基本完成大部分场观任务，偶尔出现任务未完成情况
		直播时长：基本完成大部分直播时长任务，偶尔出现直播时长不足的情况
	个人能力	个人形象：基本满足直播形象要求，过于强调个人形象，不注意与直播间形象的配合度
		控场能力：基本能够控制直播间气氛，偶尔会出现短时间混乱
		产品知识：对产品特点生疏，需要对照产品资料口播
		领域知识：对所播出的专业知识有一定了解，需要借助资料讲解专业知识，能解答粉丝的部分问题
		学习能力：按照要求参加培训并完成培训任务
	职业素养	分享能力：很少提出建议，被动指导建议他人
		创新意识：缺乏创新意识，工作停留在执行阶段，少有改进
		团队协作：协作能力一般，配合上级缺乏主动性
		执行力：在监督下完成任务，但有拖拉、不及时、未完成现象
		抗压能力：能完成工作，但很少主动承担工作

表 6-2　各等级主播能力标准

总的来讲，头部带货主播直播的经验较为丰富，专业能力较强，有自主学习的能力且耐力、配合度较高，具备带新人的能力；而腰部带货主播的表达能力较强，具备一定的学习能力，工作配合度较高，但缺乏一定的积极主动性；初级带货主播的直播经验相对较少，在专业能力上还有待提高，在工作中往往比较被动，但会努力完成自己的分内工作。

第三节

全面培养计划：
优质主播养成三部曲

想要培养一名优秀主播，从宏观的层面来说，构建直播流程的完整思维系统是第一步。这就要求主播培养行业认知，既然选择直播，就要明晰直播行业，找准行业发展方向和趋势。作为直播间中带动节奏的核心人员，主播对整个直播流程的了解和把控必须到位。因此，主播要提前梳理直播思维，搭建直播大框架，明白直播的不同阶段相应的工作内容。同时，主播还要注重团队协调，了解直播运营中团队如何搭建。只有这样，主播才能认可带货主播整个行业，构建主播思维体系。

有了这样一个直播流程的完整思维体系之后，我们对于新人主播或者是素人主播还需要进行三部曲培养，具体做法如下：

一、主播训练

(一)直播话术练习

1. 初级版：说出话

多练习：要自信，尝试用高昂的语气带动情绪；

多观看：多看做得好的直播，做些框架内容的总结；

多想象：做一些对象联想，想象你是在跟朋友交流。

2. 进阶版：说连续的话

多储备：增加词汇储备量，尤其是形容词和名词；

善提炼：精简短句，语速放慢，提炼语句的重点；

重逻辑：锻炼语言逻辑能力，用"三段论"介绍。

3. 高阶版：说有意义的话

备问题：预先准备普遍的问题，逐一解答介绍；

重质量：让观众跟着逻辑走，避免无意义的话语。

(二)主播镜头感培养

主播作为在直播中镜头前的主要人物，掌握镜头感十分重要。镜头感主要体现在主播的表情是否生动、自然，眼神是否能够感受到镜头的位置，能否和观众产生互动以及展示产品时的一些肢体语言能否被镜头以最佳的角度记录。针对新手主播，我们也整理了以下技巧：

1. 镜子练习

我们可以采用镜子练习和自拍的方式来练习镜头感。先找一面比较大的镜子，通过镜子清楚地观察自己的脸，找到最适合你的表情和角度,然后对着镜子练习举手投足,讲话表达。通过练习可以知道自己面对镜子到底是什么样子,有没有微笑,有没有一些平时不注意的小细节,比如,摸下巴、撩头发等,从而帮助主播更好地了解自己的优缺点,以使自己面对镜头时更加自信和从容。

2. 目光技巧练习

很多小白主播会问,直播的时候,我的眼神应该看哪里?有些主播认为眼睛应该看镜头,这样屏幕另一侧的用户才会有被注视的感觉。也有些主播认为眼睛应该看手机屏幕,这样才会知道自己在屏幕前是什么样子的,并且能和粉丝互动。其实这两种说法都没有错,其目的不同,但要记住两点:当你看摄像头的时候,你是在跟你的粉丝交流互动;当你看手机屏幕的时候,你是在看整个直播间现在是什么样的状态,产品细节有没有展示到位。因此这两种方式是可以交替进行的。

3. 巧用道具

刚始直播的时候,如果你有一些紧张或者不自然,双手不知道应该放在哪里,可以借助一些道具,比如,书、饮料、抱枕、产品或者是一些小公仔,这样一方面可以缓解紧张,另一方面说不定它就成了你直播间的一个记忆点。

4. 增加与粉丝互动

无论你的直播间里有一个人还是一千人,你都不要忘记要和观众进行积极互动。每个用户都是你的流量种子,积极互动是抓住流量的一个保证,不仅能让你的注意力更专注，同时也能让你自然表达。与此同时，我们在直播间还可以根据对粉丝的一些了解，有针对性地为粉丝准备一些感兴趣的话题活动或小游戏。在直播热场的时候可以充分利用起来。

（三）主播声音训练

如何让你的声音更好听呢？我们知道我们的声音是由声带的薄、厚、宽等生理特质来决定的，因而要完全改变声音是不可能的，但我们可以利用一些小技巧来调整语调和音量。

1. 听得懂

这里指的是让观众听得懂你在说什么，这是一切的前提。主播们要尽可能地表达清楚，要想一想直播间的目标用户是谁，什么样的人在看直播，是全国人民还是某个地方的人。那怎样才能让所有地方的人都能听得懂呢？答案当然就是你要说好普通话。

普通话里"普通"二字就是普遍和共通的意思，就是大家都能够听得懂。那么如何练习我们的普通话？首先可以在网络上找一些名家的朗读音视频或专业播音朗诵人员的音视频；然后把对应的文稿打印出来，进行模仿和朗诵。在练习的过程当中有两点要注意：

第一，不要急于求成，要注重字正腔圆。

第二，要注意播诵人的面部表情和面部肌肉动作。网上有一些发声训练的在线小课堂，大家也可以去学习，并且坚持练习。

2. 听得清

指无论你说什么语种，都必须让观众听得清楚。如何才能让观众听得清楚？以下几个方法可以帮助到你。

（1）练习绕口令

通过绕口令练习，不仅可以提升呼气和吐字的能力，锻炼声音的灵活性；而且还可以有效地锻炼气息和口腔控制能力，提高用气和吐字的功力。

慢速训练：用比正常说话慢一点的语速训练，必须将每个字发音完整、清晰。可以参考网络上专业的音视频，进行反复跟读。

匀速练习：用正常说话的速度训练，注意嘴角上扬，保持微笑的表情诵读。依然要注意将每个字音发声完整，可以多重复几次。

快速练习：用比平常说话快的速度背诵绕口令，保持微笑诵读并完整发音。快读对新手并不容易，多加练习，才会熟能生巧。

（2）气息练习

腹式呼吸法：通过腹部肌肉收缩，加大腹压向上推挤横膈肌，以增加胸腔的压力，从而使肺部中深远有力地呼出空气，找到传说中气沉丹田的感觉。在练习过程中要快吸慢呼，吸气不要过满。长期练习腹式呼吸，还可以增强腹肌力量，对保持身材也很有帮助。

可以想象一下自己的面前有一片花海，假装去闻味道，吸气，吸到最深，然后屏住气息十秒。吸气的同时将手掌置于两侧后肋，感受两肋扩张收缩的变化。这个练习能够增强气息，辅助你更好地控制气息。

（3）吸气肌肉群的日常练习

控制好气息，也就是控制好自己的吸气肌肉群。下面两个简单的小方法可以用来做吸气肌肉群的日常练习：

第一是憋气法：先吸一大口气憋住不要呼出，憋气的时间越长越好；长此以往，可以锻炼到胸廓固定的能力，对气息的稳固很有帮助。不过，憋气这个练习方法大家要量力而行。

第二是数数法：你先吸一大口气，然后用很轻很细的，只有自己能听到的声音数出 12345，这样一直数下去，数到不能再数为止；然后稍作休息，吸一口气再重复这个练习，可以有效地提升肺活量，从而帮助气息的稳定。

3. 愿意听

每个用户进入直播间停留的时间都是很有限的，所以主播一定要在有限的时间里面尽可能留住客户，引导他从看到你、注意你再到关注你。这里两个小技巧给大家：

（1）做好前期策划，包括暖场话术、选品介绍、互动问答等，平时还要多关注新闻热点、阅读书刊、观看综艺节目，这都有助于培养主播的话题感和互动能力；

（2）保持微笑，微笑给人的力量和美好是不容忽视的。可以试想一下，如果你看到一个主播在镜头前面无表情，大概率也会直接刷过去。可见微笑是最好的妆容，每次直播都请带上最真诚灿烂的笑容。

最后想要告诉所有主播,镜头感和声音的训练都不是一两天能够达到的,需要大家不断去练习,长期坚持下去。

二、直播经验积累

(一)实践出真知,用新号来直播演练,坚持每天播

坚持每天直播是新人主播在一开始必须要做到的。如果做不到每天播,或者经常播,对经验的积累是远远不够的;因此建议新人主播最好坚持每天播。

(二)每场直播后分析本场直播相关数据,看回放找问题

回放看得多了,问题自然而然就会暴露出来,主播的一些小动作、小行为,或者是一些不好的口头语和习惯用词,都可以通过回放去发现问题,然后去改掉这些不好的行为或习惯,以优化直播间。

(三)追根溯源,找到问题源头

找到相应的问题之后应该学会总结,把问题总结在一起,避免下一次直播出现同样的问题,这点是十分必要的。如果找不到问题的源头,那就没办法解决根本问题。

（四）到相同类型的头部直播间取经，到不同行业的直播间找亮点

相同类型的头部主播，他们的成功是有必然性的。他们为什么做得那么好？带货量为什么那么高？直播间的粉丝留存怎么那么好？这些都是有原因的。去看这些直播间，总结他们的话术及如何与粉丝互动。在不同的直播间里面可以吸取到一些直播行业的共性，找出别人直播间的亮点，看自己是否适用。

（五）每天都有新突破

要想在这个行业有所发展，你不进步就是退步。所以说每天都要有一点点小的突破，可能只是一点点；但随着点点积累，你的进步就是巨大的。你会越来越成熟，离成熟主播也就越来越近了。

三、主播必须培养的六大心态

（一）热爱的心态

做一行要爱一行，既然做了主播，你就要热爱这一行，深入了解这一行。兴趣是最好的老师。只有对直播带货足够热爱，足够感兴趣，才能够使主播不断地超越自我。

（二）融入的心态

任何一份工作都要去融入整个集体，融入整个大环境，

不能我行我素，认为一人的意见就代表了整个团队的意见。在直播团队中想要做"特立独行"的人，势必会影响整个团队的和谐发展。

(三)坚持的心态

坚持就是胜利，尤其是在直播带货这个行业，一定要有前期积累才会有厚积薄发。如果你不去坚持，在这一领域是很难做成功的。只有不断努力完善自我，以战养战，才能够在厚积薄发时展现出更好的自己。

(四)积极的心态

作为新人主播，前期是没有粉丝积累的，直播间的观众可能也没有那么多。如果你的心态不积极，或者说数据不好的时候就自暴自弃，那直播也很难有所起色，甚至对你的职业发展也有很大的影响。

(五)归零的心态

当你的直播做好了，有了一点小成绩了，千万不要飘飘然，要及时地审视自己。顺境时，把自己适时"归零"，戒骄戒躁，消除"骄娇"二气。同时要把成功和顺境，当成是鼓励和好运气，才能重新面对自己，不断从头开始，积极奋斗。

（六）自省的心态

谦卑，反省，永远保持初心。一句话说错了，争取下一次能说得更得体、更有分寸，这就是成长和进步。一件事做错了，争取在同样的错误上不犯第二次，这就是变强大的标志。一个懂得反省的人，就拥有了自我更新的能力。只有你肯正视自己的错误和不足，才能不断完善和提高自己。

第四节

制定评判标准：
带货主播的考核机制

主播作为直播带货的核心，在直播中的表现往往会直接影响最终的直播成果。要想使主播稳定发展，并且不断成长，制定一套完整的考核机制是非常有必要的。这既有助于主播严格要求自身，不断提高自我；又便于商家或企业对主播进行系统化、标准化评判。

一、薪资绩效

（一）四种主播薪资方案类型

1. 小时制

按直播时长进行计费，由于各地情况不同，主播的时长价格很难有统一的标准。以杭州为例，主播结算费用在80～200元不等，根据主播的能力，跨度还是较大的。

2. 提成制

按照实际卖出去货品的GMV（成交金额）给主播计算提成比例，这种方式充分体现主播的能力。特别是我们以卖货为结果导向的直播，用提成来激励主播更好地发挥。这也是很多主播和商家愿意使用的方案。

3. 供货制

商家供货给主播，以供货价的方式进行结算，主播拥有定价权，赚取中间的差价。这种模式，主播对产品的把控度更高，在自营账号及达人账号更为流行。

4. 混合制

由多种薪资制度按照比例组合，如按照小时给主播计算薪资，同时给予一定的提成奖励，这个形式是最为常见的形式。

（二）不同主题阶段的匹配方案

制度类型	优点	缺点	适配阶段	适配类型
小时制	结算简单	试错成本高，无激励	冷启动期、稳定期	品牌直播
提成制	能者多得，强激励	对用人单位要求高，招聘难度大	增长期、稳定期	品牌直播、自运营直播
供货制	强成本把控，强激励	对用人单位要求高，招聘难度大	增长期、稳定期	自运营直播、达人
混合制	自由组合，灵活多变	结算体系复杂，磨合时间长	全阶段	全类型

表 6-3 不同主题阶段的匹配方案

二、主播考核

（一）主播日常考核三阶段 ——播前

上播检查表	
仪容仪表	妆容、造型等上播基础要求。精致的妆容，以及与直播类目相匹配的着装和造型，这是对镜头的尊重，也是对直播的基本要求。比如，播高跟鞋的主播穿着要白领丽人一点，播护肤品的主播妆容要干净自然等
脚本熟悉度	主播是否明确本场直播的目标，是否了解直播的货品，是否熟悉了解直播相关活动，是否明确本场直播的各项利益点。比如，今天是否有连麦，对方是什么样的直播间，他们的直播间有什么福利等
主播状态	主播是否已经准备好上播，斗志满满；是否已经将自己调整到本场直播需要的语速语境里；上播后是否能火力全开。主播良好的状态是影响直播转化的重要因素。因此主播上播之前要好好休息，做好调整

表 6-4 上播检查表

（二）主播日常考核三阶段 ——播中

直播中的考核维度：粉丝互动、脚本执行、营销技巧、语速节奏、错误率、肢体动作等。下面是一张详细的考核表，可以供大家参考。

要求说明	得分	总分
说脏话或者有侮辱性的字眼（30 分）		
主播擅自无故离岗（30 分）		
具有挠头、抠鼻、晃椅子等不雅行为（20 分）		
上播时，仪容仪表需要整理好，给人感觉干净利落，如有违反（10 分）		
直播间介绍错店铺活动、产品价格（10 分）		
有顾客重复询问问题三遍以上未回复（10 分）		
一个小时低于四次引导关注（10 分）		
连续三个游客进来未欢迎（10 分）		
未给当日所有活动、折扣或有赠品的商品标记利益点（30 分）		
未上全当日活动的商品链接（10 分）		
直播中如有上厕所及特殊情况要及时和粉丝说明，并向运营及时说明情况（30 分）		

表 6-5 直播中考核表

不同类目的内容是需要调整的，但是维度是不变的。例如，新直播间在冷启动的时候，粉丝的体量比较小，我们就会要求主播对进来的每个粉丝主动欢迎。这就是留人的小技巧，我们通过考核把这个落实进去。

再比如说，很多主播总是忙着去讲产品、讲利益点、讲今天多么优惠，但是恰恰就忘记了引导粉丝进行关注。这种情况我们也可以在考核表里进行量化，如一个小时引导关注的频次不能少于多少次。

(三)主播日常考核三部曲 —— 播后

	下播结案表
数据复盘	对本场直播的在线停留时长、停留人数、GMV、观看人次、转化率等数据进行复盘,检视直播目标完成情况,排除异常,找到优化空间
状态复盘	对本场直播的主播状态进行复盘,主要是收割时候的状态和种草时候的状态,同时结合直播数据,寻找优化空间
脚本复盘	脚本执行度的复盘,要巡视本场直播主播是否完美执行了直播脚本。通过脚本执行率来分别检验脚本可执行度和主播执行能力两方面内容
品整理归档	对本场直播的场地进行整理,与团队一起将货品整理归档,确认样品各项无误
场直播准备	明确下场直播的时间,并确认脚本等工作完成的时间点,提前布局

表 6-6 下播结案表

三、常见主播晋升考核方式

(一)配比考核方式

	配比考核方式
面试	主播是一个现场表演的工作,因此现场发挥必不可少。在主播晋升的考核中,必须有现场应变的环节
笔试	电商直播同时也是一个数据游戏,因此主播对数据的理解以及对平台规则的了解非常重要。通过笔试环节,能充分检验主播对这些知识的熟悉度
日常考核	一次的高光时刻并不难,难的是每场都很高光。日常的表现必须作为晋升的重要条件,因为量变产生质变

表 6-7 配比考核方式

（二）主播晋升考核表举例

分数达标的，进行晋级；分数未达标的，进行留职清退。

评定标准		评定要求	分值	打分
考核组评审打分	形象	1. 自信爱笑有魅力	1分	
		2. 精神状态保持稳定	1分	
		3. 亲和力强，注意形象	1分	
		4. 了解粉丝需求，引导粉丝，关心粉丝	1分	
		5. 关心组员，相互提醒	1分	
	专业知识（不可提前告知）	1. 在专业知识中充分体现自己的想法，给粉丝出谋划策	1分	
		2. 介绍产品的专业知识，结合出产品玩法和体验	1分	
		3. 抽一个产品讲解产品专业知识，并且可以带新人，教她讲解模型	1分	
		4. 说出10个关于行业的专业名词	1分	
		5. 挑选任意3款产品，用专业知识介绍	1分	
	产品熟悉能力（随机抽取产品，10～30分钟准备时间）	1. 背一个产品详情	1分	
		2. 介绍产品的特点	1分	
		3. 讲清楚产品的使用人群	1分	
		4. 提炼产品5个重点关键词	1分	
		5. 流利介绍以上1、2、3、4，并且将产品优惠信息完全说对	1分	
	语言表达能力	1. 用简单明了的三句话讲清楚店铺优惠，并且可以教会粉丝如何领取	2分	
		2. 一句话讲清楚产品的特点，让粉丝清楚产品特点	2分	
		3. 同类产品可以从不同的角度去介绍，介绍的多样化，并且创新有趣	2分	
		4. 讲清楚直播间的优惠政策并且演示	2分	
		5. 应对黑粉的三句话	2分	
	自我学习态度	1. 以上问题不懂的会去查看资料	1分	
		2. 以上问题不懂的会去提问咨询其他人	1分	
		3. 以上问题不懂的会自己摸索思考	1分	

续表

评定标准		评定要求	分值	打分
直接领导考核	日常表现评分	1. 没有迟到、早退、旷工行为	5分	
		2. 团队小组从未出现直播事故	5分	
		3. 和组员搭档默契配合,可以和副播合理分工	5分	
		4. 对店铺产品关注度高,会利用空余时间熟悉产品	5分	
		5. 对粉丝负责,为粉丝考虑,可以协助团队幕后工作	5分	

表 6-8 主播晋升考核表

第七章
流程标准化：热门类目带货主播直播模型

不同类目的直播形式及主播带货模式或多或少存在着一定的差异性，不能一概而论。为了帮助主播能够在各自的领域发挥出自己最大的优势，我们通过用户需求及市场调研，精选了五大热门类目进行深度剖析，且把带货主播归纳为五大类目的直播模型，希望能够帮助主播们通过标准规范化的直播流程，最终实现爆单。

第一节

热门类目一:服饰类

一、主播人数:1~2人

服饰类直播一般由一名或两名主播进行带货。因为服饰类目产品款式较多,并且每款单品还涉及不同的颜色和尺码,主播一人无法同时做到试穿多件产品;所以服饰类的直播间由两名主播共同直播的情况比较多。当一名主播试穿一种颜色或款式时,另外一名主播则可以试穿其他颜色或款式。这样可以满足用户对于产品多样化展示的需求;另一方面也可以节省直播时间,保证直播节奏。

二、直播形式:全身站立直播

通常服饰类直播间的主播会扮演模特的角色,因此这一类目的主播几乎都是采取全身站立的形式进行直播。服饰类一般包括但不限于衣服、裤子、鞋、帽、袜子、手套、围巾、配饰等产品。这类产品因为样式多,有大小和颜色的区分，所以只有主播穿在或佩戴在身上才能展示出产品的样式和大小。

通常情况下主播的身高体重会显示在屏幕上，用户可以根据主播的试穿效果决定自己购买该产品的颜色和大小。

其次，这类产品还需要根据所售卖的单品进行相关产品的搭配来展示。例如，想突出卫衣这件单品，需要给它搭配上合适的裤子和鞋，或者是帽子。通过这样的搭配展示会使卫衣更加亮眼，达到 1+1>2 的效果，增加用户的购买欲望。

综合以上因素，服饰类主播展示以全身并且站立的形式进行直播效果最佳。

三、产品展示：材质展示 + 外观展示 + 上身效果展示

服饰类的产品在展示过程中以材质展示、外观展示以及上身效果展示为主。

在材质展示上主播需要将产品的主要材质说清楚，例如，纯棉、太空棉、棉麻、涤纶、羊毛等。有些用户对服饰的材质是非常在意和挑剔的，尤其是童装类目，更是要突出衣服的材质。因为儿童的肌肤较为娇嫩和敏感，所以大多数宝妈们在选购儿童服饰时比较看重衣服的材质。其次由于服饰类具有四季性的特点，用户会根据季节变化选择合适的材质。例如，夏天大家会选择纯棉类或棉麻类的

衣服，因为这类材质的衣服上身比较凉快。主播在直播时可以根据不同季节强调每件衣服的材质是什么，以及这类材质的优点有什么，使用户对产品有更多了解。除此以外还可以从触感上进行描述，例如，摸起来比较柔软、厚重、丝滑等，通过这类描述给用户更加直观的感受。

服饰类的外观展示在整个服饰类的介绍中占比最高。因为大家对于穿着普遍讲求一定的美观性，所以需要主播将产品拿在手中进行 360°全方位展示，让用户看清楚服饰的整体样式。另外对于一些特别的设计也要作为亮点提炼出来，例如，袖口是螺纹收紧的，风衣里面带抽绳，LOGO 是刺绣的小标等。展示这种特别的设计之处，一方面能够体现主播的专业性和服饰的设计感，另一方面也能加强那些对于小设计较为在意的用户的购买兴趣。

服饰类的上身效果展示也是非常重要的环节。主播将产品在手中展示完后，需要将产品穿在身上进行展示。因为大多数用户不愿意网购的主要原因是怕衣服上身效果不好，或尺码大小不合身。在直播间中主播的试穿可以减少用户们对这类问题的担忧。所以主播在试穿服饰类产品时，需要将自己的身高体重告知用户，让用户以此作为标准进行参考，使其能够更直观地感受产品上身后的具体效果。

四、直播场景

服饰类的直播场景主要有实景影棚、仓库工厂、实体店铺、室内生活场景以及小型 T 台这五种：

第一，实景影棚在服饰类的直播间占比很高。此类型的场景适用于一些小品牌或产品客单价相对较高的商家。在实景影棚中可以使用轻奢的莫兰迪色系、高饱和色以及蓝粉色青春系这三种色彩风格，突出产品的设计感与高级感，以提升品牌的调性。

第二，工厂、仓库场景。这类的直播场景适用于工厂店和贸易商，其产品客单价相对较低，主要以箱包、鞋袜、配饰类目为主。这种场景会给用户在视觉上带来很强的价格冲击，因为工厂和仓库在大家的固有印象中都自带"促销"的标签。

第三，线下店铺场景。线下店铺场景一般适用于品牌商家以及自有店铺的商家。主要销售两种产品：一种是过季的打折产品，另一种是应季刚发售的新品。线下店铺场景可以给用户带来信任感，同时还能为商家的线下门店进行引流。

第四，室内生活场景。室内生活场景适用于达人自创品牌以及有自己工厂的个人商家。这种家居场景会给用户更加接地气的感觉，展现主播的真实性，更容易与用户之间拉近距离。

第五，小型舞台或 T 台。这类的直播场景一般适用于设计师品牌或自有小品牌旗舰店。通过主播在舞台或 T 台上展示服饰，可以将服饰的设计感突出；同时通过主播整套服饰的搭配，可以激发用户整套穿搭的购买欲望。

在服饰类的直播间中除了这些搭建的场景外，同时还要注意场景中的物品陈列问题。如直播间内不要摆放过多的衣架，服装要摆放整齐，尽可能使直播间空间足够宽敞，方便展示服装，让用户能够看得清楚。若直播间使用背景墙，背景墙的颜色尽量选择灰色或简约的纯色背景。总之，直播间中的陈列要达到简单、干净、整洁的效果。

最后，服饰类对于直播间的灯光也有较高的要求，具体包括顶灯、柔光灯、球形补光灯等多位置的灯光。灯光的数量和摆放的位置要依据直播间大小进行布置。

五、主播要求

对于服饰类产品主播的要求首先就是要有良好的形象，包括身高、体重以及样貌。因为良好的主播形象可以为服饰加分，增加用户的购买欲望。

其次，主播要具备一定的审美能力，在搭配服饰时要有自己的想法，并能够向用户传达自己的搭配理念，告诉用户每件产品如何搭配效果更好。

最后，还需要主播拥有较强的专业能力，懂得一些专业术语；在介绍产品时能够将服饰的一些特点展现出来，而不是一直使用销售话术催促用户购买。例如，可以告诉用户每种产品的材质、各种材质的特点、一些细节的设计、身上 LOGO 的样式等。这类功课一定要提前做好，以展现出主播的专业素养。

六、用户画像

服饰类产品直播间的直播观众通常以 18～35 岁的观众为主，其中女性观众占比较多，通常超过 80%～90%。观众地域分布多受直播地点影响，例如，主播在青岛直播，那么山东省以及周边地区的观众就会偏多；主播在杭州直播，杭州及江浙沪地区的观众就会偏多。除了受直播地点影响外，其他的观众主要分布在一些人口众多的一二线城市，例如，北京、上海、广州、深圳、天津、郑州等城市。这些用户的购买偏好除服饰外，还包括：美妆、运动、美食、生活服务等。

由此可见，服饰类目因具备季节性的特点，用户来源通常会受直播地点的影响，所以同城粉丝也是商家们应首先抓住的用户群体。另外通过用户性别来看，无论是男装、女装或童装，女性消费群体始终占比较多。因此主播在售卖过程中，应偏向于女性消费心理进行销售促单。

七、直播节奏和产品配置比例

服饰类目	直播时长	平均 5～8 小时
	上架产品	品牌自播：30～50 件 个人商家：60～80 件
	讲解时间	5～7 分钟 / 款
	讲解内容	产品材质、产品质量、优惠力度
	福袋发放	5～15 分钟 / 个
	引导加入粉丝团	5～15 分钟 / 次（可以抽奖为由）

表 7-1 服饰类目直播节奏

单品配置比例

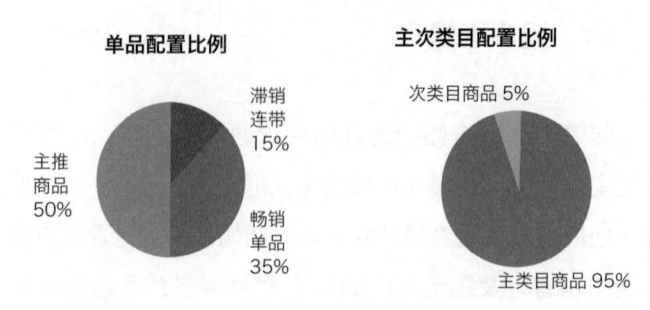

- 主推商品 50%
- 畅销单品 35%
- 滞销连带 15%

主次类目配置比例

- 主类目商品 95%
- 次类目商品 5%

图 7-1 服饰类目产品配置比例

八、直播话术

(一)产品话术

姐妹看一下我身上的这款裙子,这个裙长是124厘米,如果你觉得长的话,下摆可以裁剪(全身看裙长),并且它是帅帅的立肩款。我跟大家讲,黄色的这款姐妹一定要去拍它(颜色推荐精准人群)。因为这个颜色比任何一个颜色穿起来都更显白,而且这个颜色比较鲜亮,色彩饱和度很高。你出去拍照是非常上相的,很适合跟你的小姐妹喝下午茶的时候穿,非常地得体(场景带入)。看一下这条很浪漫的裙子,整个面料都是雪纺材质的,非常地透气,夏天穿它完全没问题(面料普适性)。而且整件衣服最突出的就是它的版型,看一下腰部全部都是做出这样捏出小褶的样式,非常有设计感(细节展示)。

(二)销售话术

跟姐妹们讲,这个是现货,你们要拼手速,我们直播间的姐妹们多,买我们家的衣服一定要拼尽手速先拍掉。因为好多衣服是断货的,想加单都加不了。小黄车一号先去买我身上这件衣服,一共 1000 件,现在已经卖了 700 件了,还有 300 件。直播间现在有 500 个粉丝,要下单的小黄车一号链接抓紧时间,还没买的姐妹们快去拼手速。

(三)互动话术

感谢惠子(粉丝名字)加入我的粉丝团给你安排优先发货了,感谢圆圆(粉丝名字)加入我的粉丝团,给你安排优先发货。主播会送你运费险,直播间所有的姐妹们第一次刷到我们直播间的在屏幕上扣"福利",主播给大家来一波福利。另外,刚刚没抢到那件碎花裙子的在屏幕上打"想要碎花裙",我看看有多少人想要,人多的话再给大家上一波。

第二节

热门类目二：饰品类

一、主播人数：1人

饰品类目的产品包括挂饰、头饰、手饰、脚饰等，类型较多，而根据细分类目的不同，对主播的要求也会有所不同。但一般只需要一名熟悉产品的主播来试戴、讲解就足够了。

二、直播形式：近距直播 + 微距直播

饰品类目的产品特点是小巧、便携，例如，戒指、项链、耳坠、手链等，实物都比较小。因此饰品直播可以有两种直播方式：近距直播和微距直播。

近距直播男女皆可，这种方式是主播在直播间试戴产品。讲解产品的时候，最好结合近景镜头的切换，充分展示产品。这种直播形式的优点是真人出镜，可信度高，而且观众可以更好地观看饰品佩戴的效果。

微距直播一般适用于高客单价的产品，例如，名贵的珠宝首饰或配饰等。这种直播间对灯光的要求相对较高，要求能够将珠宝首饰的闪光点通过灯光的调试放大化，使其看起来更加华丽闪亮。这种直播形式主播不需要露脸，只需要通过画外音将其讲解到位。通常来讲，大家在选购一些名贵的珠宝首饰时，会更加看中产品细节。微距直播可以充分满足用户的这一需求。

三、产品展示：外观展示 + 试戴

饰品类目在展示的过程中应该以外观展示 + 试戴效果为主。除了展示产品之外，主播还需要讲解饰品的外观、材质、风格，适用人群及如何搭配等。

外观展示通常需要主播将产品置于手中，通过多角度展示让用户对产品外观有所认识。

除此之外，饰品类产品通常还需要主播进行试戴。试戴能够让直播间的观众看到产品实际佩戴的效果，更有利于促单。另外产品如果有多种款式，也应该进行对比展示，给观众更多的选择空间。例如，你直播间卖的是两款耳坠，可以一起佩戴，逐一讲解每款耳坠适合什么季节，什么发型，搭配什么服饰，是什么样的风格，让用户有更多的选择空间。

四、直播场景

新手主播比较适合小场景的直播间,仅需要一个展示台和灯光即可。展示台保持干净整洁,灯光可准备一盏方形的柔光灯和一盏小型的补光灯,利用反光板和卡纸制造柔光箱的效果,调节好灯光的方向和强弱,再加上星光镜就可以了。

而大牌主播的形式,比较适合一些大品牌以及有线下门店的珠宝类商家。背景可以是品牌的LOGO,这样有利于品宣,使人记住该品牌。另外,直播间要营造出一种高级感。很多做首饰珠宝带货的直播间都存在这样的问题:画面不清晰、产品发黑、珠宝的亮泽度展现不够等。首先,这类目的直播间布光非常重要,柔光主要拍人物,硬光主要拍珠宝。如果你想要直播间的饰品不断闪烁光泽,就需要加上一块镜片固定在摄像头的最前方。另外,在直播的时候,最好能够实现多画面的剪切和画中画的效果。这样想要拍摄什么样的饰品角度,都可以将画面直接添加进去。

五、主播要求

饰品类目细分品类较多,而大多数饰品类目对于主播的要求是:声音甜美,普通话标准,形象好,气质佳;手部修长白皙,颈部线条优美,皮肤无伤、无疤、无纹身;为人性格开朗,自信热情有活力,沟通表达能力强,镜头感强；熟悉首饰款式与材质，便于及时与粉丝沟通。

如果是饰品类目中的珠宝类，除了以上的基本要求外，还需要主播对推荐的产品有足够的认知，能为直播间粉丝提供良好的建议；能够灵活应对粉丝围绕产品提出的各种问题，并通过自身的专业性为粉丝答疑解惑，以专业度获得粉丝的信任感，引导下单。这就要求主播必须具备过硬的专业知识，能辨别货品真伪，分析材料的优劣，能够规范使用专业名词，懂得运用行话、术语。另外，还应该具备清晰全面的知识架构，更加深入地掌握各类珠宝的相关知识。

六、用户画像

饰品类目直播间的粉丝年龄占比最高的是 85 后，其次是 75 后和 95 后，女性占比近 92%，年龄分布在 25～35 岁的居多；并且主要集中在北京、上海、广州、杭州、南京这些一线城市和直播电商行业发展较好的地区。这些用户的购买偏好除了珠宝饰品外，还包括穿搭、美妆、母婴等。

综合以上数据可以看出，饰品类直播间的用户多是位居一二线城市的宝妈们，具备一定的消费能力。因为购买产品的用户女性居多，所以在产品设计上可以更多地考虑 25～35 岁这个年龄段女性的购买需求。

七、直播节奏和产品配置比例

饰品类目	直播时长	平均 2～6 小时
	上架产品	50～100 件（垂直类目＜50 件）
	讲解时间	3～5 分钟/款
	讲解内容	产品卖点、搭配法则、优惠力度
	福袋	5～15 分钟/个
	引导关注	① 5～10 分钟/次 ② 发放粉丝专享 3 折福利券

表 7-2 饰品类目直播节奏

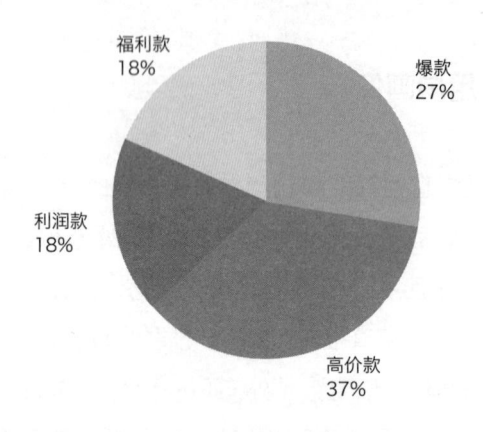

图 7-2 饰品类产品策略

八、直播话术

（一）产品话术

9 号这一款是我们经典小蛮腰的项链。我们来看一下细节，非常经典的小蛮腰元素，大牌明星很喜欢的一款项链。小蛮腰还有一个寓意呢，节节高升，金色既简约又百搭。

那像这种款的话推荐大家出去玩的时候在包包里面放一个，度假的时候，在夏日的海边，穿上纱裙，可以把这款项链戴上，非常丰富多彩的一个元素。

(二) 销售话术

这个表盘是天然贝母，同时雕刻了一个蜻蜓点水，其寓意非常好，分针时针是夜光的。整个重点在这里，表盘背部做了一个透视盘，五层镂空机械表盘，一个机芯成本达到多少米知道吗？这一个机芯成本3800米，瑞士进口，不是拼接，咱没办法造假。来，上手之后的效果就是栩栩如生，非常生动，非常有魔力的一块手表。就是这款机芯成本都要3800米的表，现在在我们的直播间，只需要999米，拍到就是赚到！

(三) 互动话术

我看到很多人都拍了我的自留款哦，小姐姐们有品位，我们可以交个朋友。问一下大家是不是想要王炸福利？想要的姐妹们在屏上打"要"给我刷一波，一个人要上一个库存啊！真的，你们不打"要"就不给你们上了。

第三节

热门类目三：食品类

一、主播人数：1人

食品类会涉及到试吃和品尝食物的环节，主播需要在试吃后对食物做出评价，将食物的口感、味道给用户表达出来。而由吃到讲的整个流程需要一个人连贯地完成，所以在食品类的直播间只需要设置一个主播即可。

二、直播形式：站立走动或半身坐播

直播间售卖的食品非常多样，包括但不限于零食、水果、海鲜、熟食等。一般像水果、海鲜等食品多是由主播站在室外进行直播的。例如，将苹果从苹果树上现摘下来，将海鲜从刚打捞的渔船上捞起来等。这样的直播形式通常需要主播站着并且走动着进行，以增加真实感。

另外，一些零食类的产品或者需要加热的产品多是由主播半身坐播进行的。主播通常会一边试吃一边为大家讲

解产品，将产品摆放在桌子上，在展现食物的同时也能够看到主播对于试吃产品的真实感受。

三、产品展示：味道展示 + 数量展示 + 成分展示

食品类的主播在展示时主要以展示味道、数量以及成分为主。

在味道上主播需要通过试吃，向用户传达出食物的口感、味道。例如，"这款小龙虾的味道很香，不是那种特别麻的，是广东人可以接受的辣度，并且每只虾的肉都很紧实，个头也很大。"因为食品类产品味道的好坏对于用户来说是非常重要的，尤其是面对用户没尝试过的一些新产品；再加上隔着屏幕用户无法亲自感受到食物的味道，所以用户对于了解食品味道的需求是很大的。这就需要主播在品尝完食物后，用自己的语言向用户传达食物的具体味道。为了能够让用户更好地体会食物的味道，主播可以用类比法进行阐述，这样会让用户有一个更加贴切的感受。例如，"这款小龙虾的味道和北京胡大小龙虾的味道很像，如果吃过胡大小龙虾，并且爱吃他们家龙虾的可以赶快拍下来。"

其次，食物的数量展示也是非常重要的，用户需要根据产品的数量、价格与其他直播间、线下门店进行比较。因为食品类产品属于高频产品，一些用户们的需求是比较

大的；所以用户们在直播间购买食品类产品时相比于其他产品更看重性价比。主播在介绍产品时要将产品本身的克数、每个包装里面具体的数量告诉用户，并且还要将在直播间给到用户们的福利讲清楚，与线下门店进行比较，让用户直观地感受到优惠活动。

最后，由于所卖的产品是食用类的，与其他产品相比有一定的特殊性；所以要保证产品的质量和安全。这需要主播在介绍产品时，将产品的主要成分、所用的食材以及有无添加剂等相关情况详细地向用户介绍说明，让用户放心购买。尤其是在售卖有关母婴类的食品时，更要强调食品的成分。这是家长们非常看重的要素。

四、直播场景

相对于其他产品来说，食品类的直播间更注重与产品的相关性。因此食品类的直播场景主要分为原产地直播、工厂车间直播、室内直播间。

原产地直播，一般适用于一些比较原生态的食物以及有鲜明地方特色的食物。例如，热带水果、海鲜、茶叶、东北大米等农产品。这类直播间的特点是在户外，进行实景实播，展示最自然状态下的场景。例如，如果你是卖海南芒果的，就选择在海南的芒果种植基地直播；如果是卖海鲜的，就在海边渔船附近直播。这种场景可以增强用户的信任度和场景的真实感，让用户觉得产品非常绿色天然，总体来说会让整场直播更具有说服力。

工厂车间直播，一般适用于自己有食品加工厂的品牌商家，通过展示流水线的食品加工过程，增强用户的信任感，体现商家的专业性。这种场景下选择的主播，尽量是自己车间原本的员工。因为这样的主播对于直播场景会更加熟悉，而且人设会更加鲜明，同时也符合整体的直播画面。这就要求主播在直播时注意食品车间的规章制度，带好口罩和防尘帽，向用户全方位地展示食品的加工过程。同时在工厂车间直播也要注意整体画面的干净整洁，不要过于杂乱。

室内直播间是常见的食品类直播间形式，通过搭建背景墙、LED 大屏或绿幕抠图等形式作为直播间的背景，然后在主播面前摆放一张桌子，将所售卖的产品陈列在桌上，主播一边试吃一边讲解。这类的直播间场景需要对灯光、产品的陈列有一定的要求。在直播间要使用明亮的暖光灯，并且灯光不仅要使主播光鲜亮丽而且要让食物色泽明亮。除此以外，陈列在桌子上的产品要工整有序，不要杂乱堆放，避免遮挡主播的脸和正在展示的食物。

五、主播要求

对于食品类主播的要求没有那么苛刻，但是其中一点比较重要，就是爱食物、懂食物。食品类的主播需要在讲解产品时对食品进行试吃。为了给观众呈现出较好的效果，主播需要将产品入口后的感受充分表现出来，把食物的"香"

透过表情、肢体语言等充分体现，以增加屏幕前用户们对该产品的食欲。另外主播也不能过于挑食，要把每一样产品都试吃得津津有味。还需主播要懂食物，对食物的食材、吃法、原产地等有详细了解。

六、用户画像

食品类产品直播间的直播观众通常以 25～35 岁的观众为主，其中男女观众的占比受产品种类的影响较大。一般售卖酒水、西北地区牛羊肉以及海鲜类的直播间，男性用户占比高于女性；而售卖零食及母婴类食品的直播间，女性用户占比高于男性。观众的地域分布除了受产品本身所在的地点影响外，主要集中在广东、江苏、浙江、山东、河南这几个省份。由此可见，美食类产品直播间的用户多是位居经济发展较好地区的中青年，他们同样也具备一定的消费能力。

七、直播节奏和产品配置比例

食品类目	直播时长	平均 5～15 小时
	上架产品	20～100 件
	讲解时间	10～15 分钟/款
	讲解内容	产品味道、产品质量、优惠力度
	福袋发放	5～15 分钟/个
	引导加入粉丝团	5～15 分钟/次（可以抽奖为由）

表 7-3 食品类目直播节奏

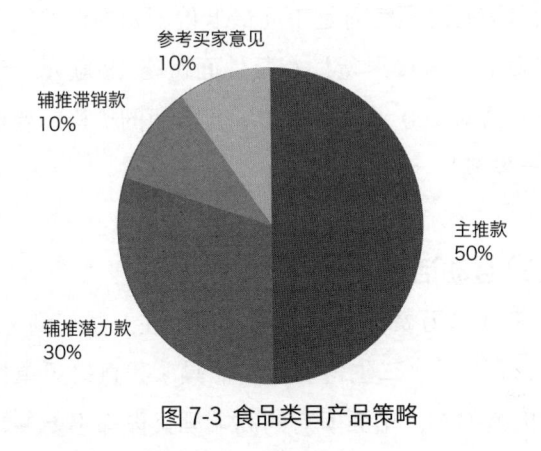

图中数据：
- 主推款 50%
- 辅推潜力款 30%
- 辅推滞销款 10%
- 参考买家意见 10%

图 7-3 食品类目产品策略

八、直播话术

(一)产品话术

大家看这段酒花多漂亮！来，我再摇一下，大家迅速看一下，这才是真正的好酒！我们的酒有国家地理保护标志——PGI（地理标识体系），大家比较熟悉的茅台也有这个标识，是一模一样的。

(二)销售话术

给我准备好 60 个名额，今天亏损的部分我来承担。今天我们冲一下榜，感恩回馈给各位。最后两组，还有最后一组！我们的商品卖得非常快，因为我们给到大家的都是秒杀价，直接 PK。我敢承诺给大家 7 天无理由退货，就是表明我有信心这里绝对是市面最低价。如果你买回去有发现比我贵的，直接退货！6瓶外面价格1800元，我们今天398元再减100元。平常298元一瓶的价格，我们今天298元一整箱！

（三）互动话术

现在10.8万赞，亲爱的朋友们，注意了！到12万赞的时候，798元十二生肖兽首的酒具，我直接免单！你点开我们的购物车，里面所有的高端酒具你都不要买。因为今天晚上的酒具我全部送给各位。不花钱，高端酒具免费送。大家跟我一样，来疯狂点赞，点到12万赞就送。前提是什么？点击关注，进入我们的粉丝团，成为我们的粉丝成员，你才有可能抽免单，享受福利价格。现在的朋友非常多，我直接给大家发一个福袋。

第四节

热门类目四：美妆类

一、主播人数：1~2人

美妆行业，一个刚需、高频的消费市场。伴随着消费升级和"颜值经济"的不断驱动，美妆行业在国内迎来高速发展，促使本土护肤美妆市场的上升空间逐渐增大。

通常来讲，大部分的美妆直播都只有美妆主播一个人介绍护肤品、美妆产品、试用等。还有一些美妆类目直播间主播的人设就是专业化妆师，直播间会再配一个模特，在直播时进行化妆教学。而一些头部主播的直播间，一般会有一个主播和一个小助理。主播负责介绍产品，小助理则进行补充说明，协助主播试用，与主播打配合，讲解优惠信息等。

二、直播形式：半身坐播 + 主播教学 + 连麦直播

常见的直播形式主要包括三种：

第一种是半身坐播形式。这种形式是美妆直播间比较常见的一种直播形式，要求主播在直播时露出上半身。主播面前有一个小桌子或者小柜台，通常展示台上会整齐摆放当天出售的产品，越吸引人的越要放在突出位置，接着充分地展示并详细地讲解产品。

第二种是主播教学。这些主播的身份是专业化妆师，直播形式是在直播间教授针对初学者的化妆技巧，同时也带货教学过程中使用到的美妆商品。美妆商品本身就能在直播间现场展现出使用前后的效果对比。这类教学型直播间看似没有强烈的销售目的和氛围，但观众很容易在这种封闭的直播间被种草，进而下单。因此最终的带货效果也十分显著。

第三种是比较新颖、少见的连麦直播。粉丝可以和主播进行连麦，向主播提问。主播根据粉丝的年龄、肤质、经济水平、生活习惯等推荐合适的产品。这种玩法有利于提高粉丝粘性。

三、产品展示：安全资质证书 + 现场试用 + 同类产品对比

安全资质证书：美妆产品的安全性尤为重要，在直播中展示商品的资质，才能让粉丝感到安心，提升信任感，促进购买。

现场试用：直播营销的终极目的是把商品销售出去，

所以主播在直播时要做好对商品的全面介绍，展示商品的完整形象。在介绍商品时，主播要遵循两个原则：一是对商品进行全方位展示；二是商品描述要准确，如商品的功能、材质、规格等。不同品类的商品特性不同，而主播需要有针对性地讲解。在直播间推荐美妆类商品时，主播要着重介绍商品的质地、价格、容量、使用方法、试用感受等。在展示效果、质地、颜色等方面时，主播可以先在手臂上或脸上尝试，直观地向用户展示商品的使用效果。而且各款美妆适合的人群不同，不能做笼统售卖，需根据粉丝肤质、需求推荐有针对性的商品，以增加消费者对主播的信任感，降低退货率。

同类产品对比：对比市场同类型产品，分析其不同，从而凸显直播间产品的优势有哪些。

四、直播场景

美妆直播间的背景应根据账号属性，包括品牌、经销商，以及直播间的调性，包括品宣、带货风格等来设计：可以在背后放置背景板或者大屏幕，也可以是货架、工厂、发货现场。

以目前最常见的半身坐播形式举例，美妆直播间对场地的要求偏少，最基本的要有专用的主播桌，桌上根据排款摆放当天的主打产品。背景可以是货品货架，也可以是有艺术性的一些展示墙；产品摆放要整齐，可以有层次地陈列当天直播的一些产品。

主播出镜在直播屏幕中，脸不宜过大，过大会让观众疲劳；也不宜过小，不利于展示产品。此外还要注意灯光，亮白的灯光能让直播间更明亮，不仅有利于展示产品，还能让主播容光焕发。

五、主播要求

直播间美妆主播的要求首先是颜值高，形象好，气质佳，有亲和力；要热爱美妆，对美妆、护肤、时尚等行业充满热忱，在网络直播平台有过直播经验或在线下实体店铺担任过美妆护肤导购的工作者会更具优势。另外，美妆主播对妆容、美妆护肤品的成分、妆感等要有自己的感悟；能够熟练介绍产品以及卖点，有生物或者医学背景者可优先考虑。最后美妆主播的记忆力要好，有快速记忆稿件的能力；思路清晰，口齿伶俐，有良好的表达能力。

六、用户画像

美妆类产品直播间的观众通常以 18～35 岁的观众为主；其中女性观众占比较多，通常超过 95%；观众地域除了分布在北京、深圳、上海、广州等一二线城市，也逐渐向苏州、成都、郑州等新一线和四五线城市渗透。这些用户的购买偏好除美妆外，喜好标签还包括女装、穿搭、萌宠、母婴等。

由此可见，美妆类产品直播间的用户正在逐渐由一二线城市向下延伸，毕竟爱美之心人皆有之，而美妆产品低客单价市场在未来也是很有发展潜力的。

七、直播节奏和产品配置比例

美妆类目	直播时长	平均 2～6 小时
	上架产品	25～50 件（垂直类目＜50 件）
	讲解时间	5～10 分钟/款
	讲解内容	展示产品、产品卖点、试用
	福袋发放	5～15 分钟/个
	引导加入粉丝团	5～15 分钟/次（可以抽奖为由）

表 7-4 美妆类目直播节奏

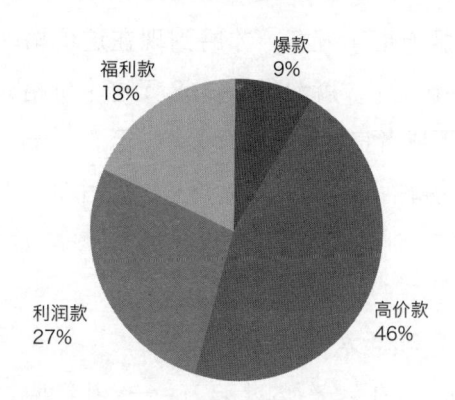

图 7-4 美妆类目产品策略

爆款 9%
福利款 18%
利润款 27%
高价款 46%

八、直播话术

(一)产品话术

想要美白,跟着我来。这一款焕白、均衡、亮肤、淡斑精华液,复购榜第一名。它富含活力维 C 小分子,相比传统的维 C,这种维 C 衍生物的稳定性更强。里面还添加了 5% 浓度的玻色因,可以增强我们皮肤的屏障,促进胶原蛋白生长,美白、抗老一手抓。而且这款产品质地是非常水润的,很容易被皮肤吸收,肤感太舒服了。只要你坚持使用一瓶,变白不是梦。有女生说用了两个月,脸比脖子白了很多。

(二)销售话术

官方旗舰店 2 件 98 元,今天直播间特价 2 件 68 元!我们跟品牌方磨了好久,才磨到现在这价格,但是只有 1000 件。抢完了,就没得补。68 元这个价格只有今晚,明天去线下或者官方旗舰店就是 98 元了。最后 ×× 件,只有今天的直播间才有的专属福利,之后你来找我也是 98 元的价格了,到时候我也没办法哦!

(三)互动话术

如果小红心在两分钟内过 30 万,一会儿我就放大福利了!谁用过我们家 ×× 的产品,来告诉主播好不好用。

大家扣 1,让我看到你们的热情,热情越高我给的秒杀价越低!

第五节

热门类目五：3C 数码类

一、主播人数：1 人

3C 数码类产品相比较其他类目的产品，产品属性较为特殊，功能较为复杂，因此讲解起来需要更具专业性。通常由一名主播出镜有条理、有逻辑地进行直播讲解较为合适，避免你一言我一语，给观众造成混乱。

二、直播形式：半身坐播或产品特写加画外音讲解

由于直播场景的限制，适合在直播间进行带货的 3C 数码类产品通常都较为小巧，相对便捷，例如，手机、手机壳、数据线、蓝牙耳机、智能手表、智能音箱等产品，都属于直播间内的热销产品。因为此类产品更便于主播在直播间进行充分展示，其产品属性也更适合在直播间进行售卖。常见的直播形式主要包括两种：

第一种是半身坐播形式。这种形式要求主播仅需露出上半身进行直播，并将所售产品置于手中或展示台上，充分展示并详细讲解产品。这种形式的优点是真人出镜更容易给观众带来信任感。

第二种是产品特写加画外音讲解。这种形式主播可以不露脸，将镜头给到产品进行特写，并由主播通过手部操作讲解进行产品展示。这种形式的优点是能够更加清晰地向观众展示产品的细节。

三、产品展示：功能展示 + 外观展示

3C 数码类产品在展示的过程中应以其功能展示为主，包括产品所具备的各种功能、产品的使用方法、产品的使用效果、产品的充电续航方式等。除此之外，如果产品具备多种款式和不同颜色，也应进行对比展示，给予观众更多的选择空间。例如，直播间卖手机，就要充分展示这款手机的新功能；如果手机有不同的颜色，也要充分展示；如果直播间卖手机壳，就要将不同款式的手机壳进行试用，让观众看到使用后的效果。

四、直播场景

以半身坐播的直播形式为例，直播场景中包括直播背景和展示台。

3C数码类产品的直播背景以绿幕抠屏的虚拟背景或品牌LOGO为背景较为合适。虚拟背景可以将产品投射到背景中去，更能增加直播间的科技感，比较符合数码类直播间的调性；而且虚拟背景的优势是能够在背景墙实时展示当前所讲解的产品且变换自如。另外，还可以以品牌LOGO作为直播间背景。因为人们在购买3C数码类产品时，通常对于一些大品牌的信任度是较高的。而大多数人群对于产品的专业度了解并没有那么高，也因此更愿意选择大品牌。如果是人们所熟知的品牌，用品牌LOGO作为背景往往会使观众更加信服。

产品的展示台要保持整洁。如果一场直播所售的品类较多，难以摆放整齐，建议每讲到一款产品时，展示一款产品即可。但如果一场直播所售的产品均属于同一垂直类目，例如，这场直播只卖手机壳，则可以整齐地将本场直播将要上架的产品排放至展示台。这样也便于观众快速捕捉到自己心仪的产品，以增加其在直播间停留的时长。如果是特写加画外音讲解的形式，仅需注意展示台的干净整洁及产品摆放即可。

五、主播要求

3C数码类产品对于主播的要求不同于其他类目，对专业性的要求较强。因为这类产品的功能及实用性是消费者首要考虑的问题；所以主播在讲解的过程中，不能仅依靠销售技巧强行销售，对于产品优势、使用方法、功能特点、版本详情、材质构成等必须充分了解、熟悉掌握。

与此同时,在销售 3C 数码产品时,主播不能一味地介绍产品而不看粉丝的反馈。因为这一类产品的适配性是消费者最关注的问题之一,所以不少粉丝会在公屏上进行提问。例如,"安卓手机可不可以用这款蓝牙耳机?""这款手机壳有没有苹果 12 的?"在粉丝们进行提问的时候,主播一定要尽量回答粉丝的问题,解决了他们最关心的问题,很有可能他们的下一步动作就是下单。相反,如果粉丝提出的问题一直没有人回应,那么粉丝失去耐心后就会直接放弃购买。

六、用户画像

3C 数码类产品直播间的观众通常以 25 ～ 35 岁的观众为主;其中男性观众占比较多,通常有 70% ～ 80%;观众地域分布多以北京、广州、合肥、石家庄、温州、深圳等一二线城市为主。这些用户的购买偏好除手机数码外,还包括运动、美食、汽车运输、游戏等。

由此可见,3C 数码产品直播间的用户多是位居一二线城市的年轻人,具备一定的消费能力。另外,数据显示购买产品的用户男性居多,因此在产品设计上可以更多考虑男性的购买需求。

七、直播节奏和产品策略

3C 数码类目	直播时长	平均 2～5 小时
	上架产品	15～100 件（垂直类目＜50 件）
	讲解时间	5～8 分钟/款
	讲解内容	产品卖点、优惠力度、覆盖功能
	福袋发放	5～15 分钟/个
	引导加入粉丝团	5～15 分钟/次（可以抽奖为由）

表 7-5 3C 数码类目直播节奏

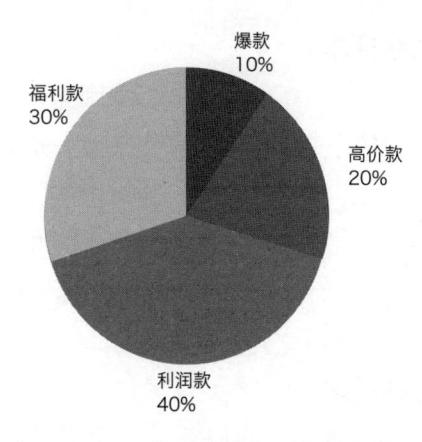

图 7-5 3C 数码类目产品策略

- 爆款 10%
- 高价款 20%
- 利润款 40%
- 福利款 30%

八、直播话术

(一) 产品话术

GM5 这款耳机有一个低延迟芯片，低至 0.06mm 的一个延迟给到你们。它是一个半入耳式的设计，单耳仅有

4g 的一个重量，非常轻便，它的续航时间是八个小时，非常给力。这款的 DH 芯片告诉你什么叫做话筒，什么叫做听声辨位。你在打游戏的时候，尤其是吃鸡（游戏名）的时候，开门的声音、脚步的声音还有枪声，从哪里传输过来的，音画都是同步的；而且有 ENC（降噪技术）双麦克风的一个语音通话降噪功能。因此，你在跟你队友之间沟通时哪怕身处的环境比较嘈杂也没关系，你的队友都能清晰地听到你的声音。

（二）销售话术

1号链接的手机，真心喜欢的宝宝们赶紧去拍，关注主播加入粉丝团，主播今天给你们加送蓝牙耳机，价格都是要卖到199元的蓝牙耳机。今天你是新人，扣了"新人"，并且关注主播加入粉丝团，仅限前五名，蓝牙耳机直接送到你们手中……库存没有了，没有拍到的宝宝们把"蓝牙耳机"扣起来。

（三）互动话术

新来的宝宝大家好，我们是××手机厂家，新款手机上市做推广宣传，拿出少量的手机让大家去体验。你们体验好了，给这款手机做一个转介绍，做一个口碑宣传就可以了。

这款手机的市场指导价是5999元，今天白菜价拿去体验。想要体验这款手机的宝宝，给大家30秒钟的时间去报名。公屏打5遍"想要"报名，报名成功活动马上开始。想要这款手机的宝宝，屏幕前点赞，送个小红心。点赞越多的宝宝，就能优先抢到优先发货。

附 录

初级到高级直播间打造

对于一场直播而言，好的场景能够加长用户的停留时间，并为主播带货加持，有效触动用户的转化率。在本书的最后为您附上"初级到高级直播间打造"的表格汇总，希望能够通过直播间场景的优化，在直播带货中助主播一臂之力。

	直播设备	直播设备推荐	成本预估
初级直播间 1.0 版	直播手机＋三角架＋灯光＋手机充电器	直播手机型号：苹果 11/苹果 12 三角架型号：云腾 998 号脚架 直播灯光型号：金贝补光灯（EFLL-150 套餐 A ＋柔光箱）购买 3 盏	8000 元
初级直播间 2.0 版	直播手机＋三角架＋灯光＋手机充电器＋有线收音麦/无线麦克风/直播声卡	1.0 版设备的基础上，加以下设备之一： 有线收音设备型号，博雅 MM1/罗德 NTG 无线收音设备型号，索尼 D11 无线麦克风 声卡设备型号，声佰乐 b6 声卡	9800 元

续表

直播设备	直播设备推荐	成本预估
初级直播间 3.0 版	直播手机+三角架+灯光+手机充电器+有线收音麦/无线麦克风/直播声卡+直播竖屏屏幕	2.0 版设备的基础上，加：直播竖屏屏幕，屏幕大小根据个人需求设置	12000 元
中级直播间 4.0 版	直播摄像头+三角架+台式电脑+电脑显示器+抖音伴侣软件推流直播+灯光+有线麦克风/无线小蜜蜂/声卡	罗技摄像头设备型号：罗技 C1000e 三角架设备型号：云腾 998 号脚架 推流电脑设备型号：先马黑洞 7 电脑显示屏设备型号：戴尔显示屏 直播灯光设备型号：金贝补光灯（EFLL-150 套餐 A＋柔光箱）购买 3 盏 有线收音设备型号：博雅 MM1/罗德 NTG 无线收音设备型号：索尼 D11 无线麦克风 声卡设备型号：声佰乐 b6 声卡	13000 元
中级直播间 5.0 版	直播摄像头+三角架+台式电脑+电脑显示器+抖音伴侣软件推流直播+灯光+有线麦克风/无线小蜜蜂+绿布	4.0 版设备的基础上，加：直播抠图绿布设备，根据使用面积购买	13200 元

续表

直播设备	直播设备推荐	成本预估
中级直播间 6.0 版	直播摄像头+三角架+台式电脑+电脑显示器+抖音伴侣软件推流直播+灯光+有线麦克风/无线小蜜蜂+绿布+直播竖屏屏幕	5.0 版设备的基础上,加:直播竖屏屏幕,屏幕大小根据个人需求设置	15200 元
高级直播间 7.0 版	相机+三角架+台式电脑+电脑显示器+抖音伴侣软件推流+灯光+有线麦克+无线麦克风+采集	相机设备型号:索尼 A7M3 三角架设备型号:云腾 998 号脚架 推流电脑设备型号:先马黑洞 7 电脑显示屏设备型号:戴尔显示屏 直播灯光设备型号:金贝补光灯(EFLL-150 套餐 A+柔光箱)购买 3 盏 有线收音设备型号:博雅 MM1/罗德 NTG 无线收音设备型号:索尼 D11 无线麦克风 采集卡设备型号:elgato Cam Link 采集卡	22500 元
高级直播间 8.0 版	相机+三角架+台式电脑+电脑显示器+抖音伴侣软件推流直播+灯光+有线麦克+无线麦克风+采集卡+绿布	7.0 版设备的基础上,加:直播抠图绿布设备,根据使用面积购买	22700 元

续表

直播设备		直播设备推荐	成本预估
高级直播间 9.0 版	一台相机以上 + 三角架 + 台式电脑 + 电脑显示屏 2 个 + 抖音伴侣软件推流直播 + 灯光 + 有线麦克 + 无线麦克风 + 导播台	8.0 版设备的基础上：相机数量 +1，电脑显示屏数量 +1，导播台设备型号：罗兰 V-SDI	42000 元

直播间场景搭建与升级是一个循序渐进的过程，应根据直播间人气的增长和主播带货技能的熟练逐渐进行升级。新手主播和刚起步的直播间在起初能够达到初级或中级水平即可，后续可再进行不断地升级。